AF464551

ABRÉGÉ

DE LA VIE

DE LA MÈRE

MARIE-AUGUSTINE DE SAINT-ÉLIE,

CARMÉLITE PROFESSE DE MONTAUBAN,

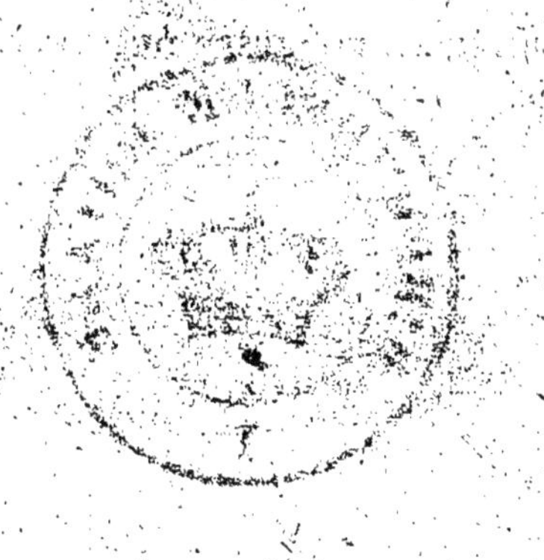

ABRÉGÉ

DE LA VIE

DE LA MÈRE

MARIE-AUGUSTINE DE SAINT-ÉLIE,

CARMÉLITE PROFESSE DE MONTAUBAN,

Décédée dans le Monastère de la Mère de Dieu et de notre Père Saint Joseph des Carmélites de Lectoure, Le 19 Mai 1835;

DÉDIÉ

A MONSEIGNEUR PROSPER DE TOURNEFORT,

ÉVÊQUE DE LIMOGES.

MONTAUBAN,

IMPRIMERIE DE FORESTIÉ ONCLE ET NEVEU.

1838

A MONSEIGNEUR

PROSPER DE TOURNEFORT,

ÉVÊQUE DE LIMOGES,

LES CARMÉLITES DE MONTAUBAN.

MONSEIGNEUR,

Animées par la confiance que les bontés de VOTRE GRANDEUR nous ont inspirée, nous osons vous offrir ce petit *Abrégé de la vie de la Mère* MARIE-AUGUSTINE DE SAINT-ÉLIE. Cette vie vous appartient en grande partie, non-seulement parce que vous avez honoré cette pieuse Mère de votre protection et de votre bienveillance, mais parce que vous avez eu tant de part au bien qu'elle a fait, en l'éclairant de vos conseils, en lui prêtant l'appui de votre autorité, et qu'elle doit reconnaître dans le ciel, comme elle l'a toujours reconnu sur la terre, qu'après Dieu vous êtes celui à qui elle doit tout le bien qu'elle a fait. Nous croyons répondre à ses vœux, en priant VOTRE GRANDEUR d'agréer l'offrande de ce petit travail, qui conservera parmi nous le souvenir de ses vertus et de vos bienfaits. Combien de fois, Monseigneur, n'est-elle pas venue chercher auprès de vous la force, le courage et la consolation dont elle avait besoin pour porter ses peines et celles des autres, pour continuer l'œuvre si difficile que Dieu lui avait confiée, et faire renaître dans sa nouvelle Communauté l'esprit du Carmel que le malheur des temps y avait affaibli. Vous savez mieux que personne ce qu'il lui en a coûté et ce qu'il vous en a coûté à vous-même pour relever les ruines de cette maison qui, sans votre appui et vos constans efforts, n'aurait pu se soutenir. Nous aimons à croire que vous ne lirez pas sans quelque intérêt le récit de tant de vertus que vous avez vues croître par vos soins au sein de la souffrance et des plus durs travaux.

Toute notre Communauté saisit avec transport cette occasion pour renouveler à VOTRE GRANDEUR l'hommage de ses sentimens les plus respectueux, et la supplier de vouloir bien nous envoyer sa bénédiction paternelle.

ABRÉGÉ DE LA VIE

DE LA

MÈRE MARIE-AUGUSTINE DE SAINT-ÉLIE,

CARMÉLITE PROFESSE DE MONTAUBAN.

CHAPITRE PREMIER.

De quelques particularités de son enfance, et de ses épreuves jusqu'à l'heureux jour de sa première communion.

LA Mère Marie-Augustine de Saint-Élie naquit à Bressols, près Montauban, dans une propriété de sa famille, le 14 octobre 1801, le jour même où l'on commence à célébrer la fête de sainte Thérèse, dans le Mont-Carmel. Elle appartenait à des parens pieux qui eurent soin d'élever dans les principes de la Religion leur nombreuse famille. La Mère Augustine était la septième de onze enfans que la Providence leur avait donnés.

Dès sa naissance elle parut destinée à devenir l'objet des complaisances du ciel : les premières années que les enfans ont coutume de donner aux amusemens frivoles de leur âge, elle les consacra à la prière, à la méditation des vérités saintes, et même à la pénitence, à laquelle Dieu l'attirait si puissamment par le doux attrait de sa grâce, qu'elle ne pouvait s'en défendre. La Providence, qui a des vues particulières sur chacun de ses élus, semblait l'avoir destinée spécialement à honorer et à renouveler la vie inconnue et crucifié de Jésus-Christ. On l'a vue, en effet, si constamment attachée à la pratique de l'humilité, que cette vertu lui semblait naturelle ; ce qui faisait dire au vénérable Evêque de Limoges : « Qu'il n'avait jamais rencontré en sa vie une personne aussi humble que la Mère Augustine. » Mais autant son amour pour les abaissemens honora la vie cachée de notre divin Sauveur, autant ses attraits pour la souffrance honorèrent la vie crucifiée.

Elle a été éprouvée surtout par des peines intérieures inexprimables, et qui n'ont jamais été bien connues que de Dieu seul.

A l'âge de quinze mois, sa mère retira de la

nourrice la petite Augustine. (Elle porta dans le monde le nom de Justine.) A son arrivée dans la famille, ses petits frères, tout joyeux de la voir, l'entourèrent de leurs caresses enfantines, et s'écrièrent : Qu'elle est jolie, qu'elle est belle, notre chère Justine. Mais, ô miracle de grâce ! l'enfant, attristée par leurs louanges et l'éloge de sa beauté, verse des larmes, présage certain de son évangélique pureté.

Chose étonnante, sa nourrice a rendu ce témoignage : que souvent elle a trouvé la petite Justine à genoux et en prières dans les lieux les plus solitaires de sa maison. De retour dans sa famille elle y porta le même attrait pour la prière et la solitude, et souvent on la surprenait seule et priant Dieu avec une attention ravissante. Avant l'âge de sept ans, elle commença, sans le conseil de personne et par la seule inspiration de l'Esprit-Saint, à s'exercer à la pratique du silence, de la mortification et de toutes les vertus. Dès-lors elle ne parla plus que lorsqu'on l'interrogeait ; et après avoir répondu en peu de mots, elle gardait de nouveau modestement le silence. Dans les hivers les plus rigoureux, elle ne s'approchait jamais du feu pour se chauffer ; si sa mère l'y forçait, elle s'en approchait par obéissance, et se retirait le plus tôt possible. Elle avait, dès cet âge, une si basse opinion d'elle-même, qu'elle se croyait digne du mépris de tout le monde.

S'agissait-il de rendre quelque service à quelqu'un de sa famille, elle était toujours la première à se présenter comme étant faite pour servir tout le monde, sans rien attendre de personne.

A l'âge de neuf ans, son éducation fut confiée à une religieuse Ursuline qui ne fut pas long-temps à découvrir quel trésor de vertu on lui avait confié : elle prit l'enfant en amitié, lui donna des soins vraiment maternels, et s'aperçut même qu'il y avait dans la jeune Justine de rares dispositions, et comme une prédestination pour la vie religieuse; elle en fit part à sa mère, qui rendit grâces à Dieu des heureuses dispositions qu'il avait mises en sa fille, et continua en bonne mère de cultiver ces premiers germes de vocation religieuse. Quelque temps après, la maîtresse s'étant réunie à quelques-unes de ses compagnes qui se reformaient en communauté, amena avec elle son élève dans sa nouvelle habitation. Là, Justine fut au comble de ses vœux : son cœur, si tendre et si pieux, y nageait comme dans un océan de grâces et d'amour pour Jésus; les beaux modèles de piété qu'elle avait sous les yeux, les saintes instructions qu'elle y entendait allumaient dans son cœur le feu de l'amour divin; elle recevait le bon exemple, mais elle le donnait aux autres; on l'estimait, on l'aimait, tout le monde en faisait l'éloge; on admirait surtout en elle un goût prononcé pour la règle et pour toutes les habitudes de la vie religieuse. Ce bonheur dura deux ans. Elle se disposait à faire sa première communion, et voyait approcher avec ravissement cet heureux jour où elle possèderait son Dieu pour la première fois; elle l'appelait de toute l'ardeur de ses soupirs, redoublant de zèle dans les exercices de piété, de ferveur dans ses prières, afin de mieux préparer son ame à la grande grâce qu'elle attendait : mais ses espérances furent trompées, et son bonheur s'évanouit. Sa mère la retira tout-à-coup de pension, et ne lui laissa pas même l'espoir d'y retourner. Justine, bien qu'affligée de ce contre-temps inattendu, ne perdit point la paix de l'ame, et ne vit dans la volonté de sa mère que la volonté de Dieu qui voulait l'éprouver. Elle eut recours à Jésus-Christ avec une nouvelle confiance et un plus grand amour : en sorte que celui qui permettait cette épreuve lui donna aussi un grand courage pour la supporter.

A cette première épreuve vint s'en joindre une autre qui ne lui fut pas moins pénible. Dieu qui jusque-là lui avait tant fait sentir l'onction de sa grâce, lui retira les douceurs qu'elle trouvait dans la prière et dans l'accomplissement de ses devoirs. Les choses saintes n'avaient plus le même attrait pour elle : différentes tentations s'élevèrent dans son ame ; elle éprouva des doutes sur la vérité de nos saints mystères ; le démon alla même jusqu'à la tenter contre la présence réelle de Jésus-Christ dans la divine Eucharistie. Cette épreuve contre la foi fut pour elle comme un violent martyre qui la tourmentait jour et nuit, surtout lorsqu'elle était à l'église : là, elle s'écriait : Ah ! qu'elles sont heureuses toutes ces personnes qui vous croient ici présent, ô mon Dieu ! pour moi, je n'ai pas le bonheur de le croire. Elle visitait quelquefois trois ou quatre églises, portant toujours la même tentation et faisant partout à Dieu les mêmes plaintes. Enfin la tentation en vint à ce point, que ne la surmontant pas avec assez de force, elle passa dix-huit mois sans se confesser. Ses parens étaient affligés ; mais à la fin, découragés par ses répugnances, ils prirent le parti de se taire et d'attendre tout de Dieu seul. On verra bientôt que ce n'était là qu'une épreuve ; mais il faut convenir qu'elle s'était laissé trop abattre, au point de manquer à un des devoirs principaux.

Après dix-huit mois d'épreuves, Justine se trouvait avec une jeune personne pieuse et à peu près de son âge, qui lui dit : « Je vais me confesser, voulez-vous y venir avec moi ? vous serez contente de mon confesseur, j'en suis sûre. » Justine la regarde avec étonnement, et en même temps la grâce ayant touché son cœur, elle accepte la proposition sans résistance et va se confesser avec son amie. Le confesseur, après l'avoir entendue et long-temps interrogée, lui déclare qu'elle ait à se préparer, parce qu'il désire qu'elle fasse sa première communion dans quinze jours. C'était dire clairement que la jeune Justine avait toujours vécu saintement et qu'une aussi grande tentation l'avait rendue en quelque sorte plus malheureuse que coupable.

De retour chez elle, sa mère, qui l'avait cherchée avec inquiétude, ne sachant pas ce qu'elle était devenue, allait lui faire des reproches; mais ayant appris ce qui venait de se passer, elle éprouva une joie bien grande et bien douce, qui fut partagée par un père chrétien; et tous ensemble rendirent grâces à Dieu du bienfait qu'il venait d'accorder à leur fille.

Cependant la mère prudente ne voulant rien précipiter, dans une affaire aussi importante que la première communion, exigea qu'elle s'y préparât par trois mois de retraite passés dans une maison religieuse, dont elle laissa le choix à sa fille, qui donna la préférence à une Carmélite en grande réputation de sainteté. Justine goûta auprès de cette Carmélite les douceurs qu'elle avait goûtées autrefois. Dieu lui rendit avec surabondance l'onction de la grâce qu'il lui avait retirée. Docile aux leçons et aux exhortations d'une maîtresse aussi sainte et aussi versée dans les vues de Dieu, Justine fut disposée après trois mois à faire saintement sa première communion. Elle désirait remplir ce devoir dans une chapelle solitaire, mais elle fut obligée de le faire dans sa paroisse sous les yeux du public, qui fut édifié de sa modestie, de son recueillement et de la grande ferveur avec laquelle elle approcha de la sainte table. Elle avait alors treize ans neuf mois.

CHAPITRE II.

Conduite édifiante de Justine chez ses parens, depuis sa première communion jusqu'à sa vocation à l'état religieux.

Après sa première communion, Justine se sépara de la Carmélite qui l'y avait préparée, par une secrète disposition de la providence, et rentra dans le sein de sa famille : là, elle offrit à Dieu en holocauste sa vie toute entière, en reconnaissance de ses ineffables bienfaits ; elle n'a plus d'autre dessein que de mener une vie abjecte dans un profond oubli d'elle-même, d'embrasser avec joie les peines, les mépris et toutes les croix qu'il plaira à Dieu de lui envoyer ; elle ne veut plus que s'abreuver des douleurs que

Jésus-Christ a endurées dans sa passion, sans avoir d'autre témoin et d'autre consolateur que Dieu seul dans toutes ses peines. Enfin, comprenant les mystères du Calvaire, elle veut faire désormais toutes ses délices des amertumes de la Croix. Voilà les prétentions de cette jeune épouse de Jésus-Christ. On ne saurait dire combien elle était ingénieuse à se crucifier elle-même. Eprise d'une ardeur étonnante, elle voulut un jour arranger et enfoncer sur sa tête une couronne d'épines, à l'exemple de son divin Epoux. Se trouvant à la campagne, après s'être assurée qu'elle n'était vue de personne, elle s'approche d'une haie, en coupe les branches avec le seul secours de ses mains qui furent bientôt ensanglantées, sans qu'elle fut pour cela détournée de son dessein. Ayant été aperçue par un de ses domestiques, elle le prie naïvement de venir l'aider à se faire une couronne d'épines; mais voyant qu'il se servait d'un couteau, elle le remercie, en disant qu'elle y suffirait bien toute seule, tant elle était avide de souffrir.

Elle avait choisi pour demeure un pauvre réduit qui se trouvait sous un escalier de la maison; mais sa mère ne pouvant la voir si mal logée, la pria de sortir de là et de faire son habitation dans quelqu'autre lieu plus convenable dont elle lui laissa le choix. Elle obéit, et se retira dans un grenier qui était un lieu de passage, n'en trouvant pas de plus pauvre dans toute la maison. Ce fut là sa demeure jour et nuit, où elle était sans cesse unie à Dieu par des prières et des méditations continuelles. On ignore les mortifications qu'elle y a pratiquées, parce qu'elle avait beaucoup d'adresse pour les cacher, selon le plan qu'elle s'en était formée; mais à quelque heure de la nuit qu'on allât dans ce réduit, on la trouvait toujours à genoux et en prières, sans que jamais elle s'appuyât nulle part. Si dans l'obscurité on venait à marcher sur elle, elle ne faisait aucun mouvement, comme si elle eût été une statue de bronze.

La vie de Justine était à-peu-près celle d'une Carmélite, tant elle était solitaire; si quelquefois elle avait des rapports et des entretiens avec quelque jeune personne de son âge, c'était uniquement pour parler de Dieu, du bonheur et de la nécessité de le servir. Quand elle leur avait dit ce qu'elle croyait utile à leur sanctification, elle rentrait dans le silence et la solitude.

Elle n'avait pourtant pas un extérieur sévère: son visage était toujours riant, et son caractère agréable; mais elle n'était point à l'aise dans les sociétés du monde, parce qu'elle n'aimait point ce qui y fait ordinairement le sujet des conversations, bien qu'elle aimât tendrement sa famille, elle souffrait quand les réunions se prolongeaient plus que de coutume, et regrettait ce temps comme un temps perdu qu'elle aurait pu donner à la prière et à quelque doux entretien avec Dieu, dont elle conservait presque toujours la présence. Son père, employé du gouvernement, était obligé d'avoir souvent à sa table des étrangers. Justine n'aimait point à entendre les conversations qui se tenaient dans ces occasions, et trouvait toujours quelque raison pour s'absenter. Un jour, au moment où l'on venait de se mettre à table, arrive un étranger professant l'hérésie de Calvin; Justine, qui ne pouvait souffrir tout ce qui pouvait rappeler une doctrine étrangère, disparut et ne revint que le soir. Elle était très-sobre dans ses repas; c'était une guerre continuelle entre elle et sa mère qui voulait qu'elle prit un peu plus de nourriture; elle ne mangeait jamais que d'un seul mets, quelle chose qu'on lui offrît. Cet attrait pour la mortification et la solitude lui a fait souvent user d'une sainte adresse pour disparaître avant les repas; et afin d'échapper aux recherches, elle allait se cacher dans quelque lieu retiré connu d'elle seule, d'où elle ne sortait que le plus tard possible. En rentrant chez elle, ce qu'elle prenait de préférence c'était quelque reste de pain ou de nourriture qui ne pouvait plus servir à personne: c'étaient là ses délices. On pourrait croire que sa santé devait souffrir d'une vie si dure, mais Dieu la protégeait, et jamais ses privations n'ont altéré sa santé.

Elle ne pouvait souffrir la moindre apparence de toilette: c'était la mettre au supplice que de lui en parler. Un jour de fête, sa sœur aîné prit sur elle de lui porter une coiffure plus élégante que de coutume: elle la reçut fort gracieusement; mais avant d'en faire usage elle la froissa dans ses mains, et dit ensuite tranquillément: « C'est ainsi, ma sœur, que je les aime ». On la contraria long-temps dant ses goûts si éloignés de ceux du monde; mais à la fin, on la laissa vivre comme elle l'entendait, à cause du respect et de l'affection qu'elle inspirait à tous ceux qui étaient témoins de ses vertus. Rien n'était plus simple que sa mise et même plus négligé; ce qui lui attirait le mépris conformément à ses désirs, car elle ne cherchait pas seulement à être inconnue, mais encore à être méprisée.

Sa foi était si vive, qu'elle ne concevait pas qu'on pût s'occuper d'autre chose que de Dieu, ni avoir d'affaire plus à cœur que celle du salut des ames: son unique occupation était de chercher à plaire à Dieu dans toutes ses actions.

On ne pourrait jamais dire assez combien elle se plaisait à souffrir. Sa mère, qui voyait son dégoût pour les choses de la terre, voulut un jour sonder les dispositions de son cœur, et lui dit: « Je crois, ma fille, que tu aimerais à vivre dans un couvent. — Il est vrai que je ne désire rien tant que ce bonheur. » Là-dessus sa mère lui en proposa plusieurs dont la vie est assez douce; mais elle répondit: « Moi qui n'aime qu'à souffrir, vous me proposez des couvens si doux. — Eh bien! veux-tu aller aux Carmélites? — Ah! je le veux bien, si l'on voulait me faire la grâce de m'y recevoir. — Tu est encore trop jeune. — Oh! maman, je ne suis pas si jeune, je touche à ma quinzième année. — Il faut attendre que tu en aies au moins dix-sept accomplis. » Ce fut la dernière décision de sa mère. Mais ce terme paraissait bien éloigné à Justine, qui soupirait après la solitude; et afin de l'abréger et d'amener sa mère à lui donner sa liberté plus tôt qu'elle n'avait dit, elle priait nuit et jour.

Environ vers ce temps, son amour pour la gloire de Dieu et son grand zèle pour le salut des ames venant à s'enflammer davantage, elle sortait quelquefois de sa solitude et réunissait un certain nombre de jeunes personnes qui venaient s'instruire auprès d'elle et s'enflammer du feu du divin amour. Elle était ingénieuse pour empêcher que Dieu ne fut offensé. Ayant appris que vingt-cinq ou trente jeunes personnes devaient participer à une danse profane, elle les réunit, leur propose adroitement une partie de campagne, les retient tout le jour, leur procure des distractions, leur parle, dans les bois, de la grandeur et de la bonté de Dieu, et leur procure une joie plus douce que tous les vains divertissemens du monde. Elle ne pouvait pas supporter que Dieu fut offensé en sa présence. Il lui est arrivé plus d'une fois, encore tout enfant, de reprendre publiquement des individus qui n'observaient point à table l'abstinence prescrite par l'église; et presque toujours ses observations ont été reçues avec bienveillance et ont porté leurs fruits, parce qu'on avait pour elle une grande estime.

Le domestique qui l'avait aidée à faire sa couronne d'épine, a souvent exercé sa patience. Cet homme peu religieux avait coutume de travailler les dimanches. Justine s'y opposait; elle le priait, le menaçait, lui cachait ses instrumens de travail; enfin elle mettait tout en œuvre pour que le jour du Seigneur ne fût pas profané. Cependant elle n'articula jamais aucune plainte contre lui dans la crainte de lui faire perdre sa place.

L'église de son village était très-pauvre, et elle s'affligeait de voir Notre-Seigneur résider dans un lieu si indigne de sa grandeur; son cœur poussa long-temps des gémissemens intérieurs. Mais elle ne s'en tint pas là, elle prit une résolution, sans consulter les règles ordinaires de la prudence: ce fut d'aller quêter de maison en maison pour la décoration de l'église; les uns lui donnaient de l'argent, les autres différens objets qu'elle vendait ensuite; et, par cette démarche au-dessus de son âge, elle contribua à rendre un peu plus décente la maison de Dieu.

Devait-on se rendre à l'église, elle y arrivait toujours la première, sous le prétexte de garder des places pour sa famille. Elle était là deux ou trois heures sans mouvement, sans s'appuyer, sans s'asseoir, avec une modestie angélique qui édifiait tout le monde. On aimait à la contempler en la présence de Dieu; jamais elle ne levait les yeux sur personne, mais elle attirait tous les regards.

Quelquefois elle fondait en larmes en pensant combien Dieu est offensé, et combien les pécheurs sont aveugles; elle conjurait Jésus-Christ de lui faire partager les opprobres et les douleurs de sa croix, afin de lui gagner des ames. Cette manière de prier soulageait un peu son cœur, et elle se réjouissait dans l'espérance que son Sauveur lui ferait part de l'amertume de son calice.

Cependant Justine avait atteint sa seizième année sans oublier jamais la promesse que lui avait faite sa mère, d'entrer chez les Carmélites; elle avait hâté ce jour si désiré par ses vœux et par ses prières. Elle était bien jeune pour soutenir une vie si crucifiée ; mais ne consultant que son courage qui était au-dessus de ses forces, elle sollicitait son entrée au Carmel comme la plus grande faveur qu'on pût lui accorder. Enfin elle obtint le consentement de sa mère ; mais Dieu lui réservait d'autres épreuves.

Elle part un jour, de grand matin, de la maison paternelle, se rend seule chez les Carmélites qui étaient à deux lieues de là, espérant entrer le même jour. Elle fut bien accueillie ; on l'interrogea sur sa vocation, et elle répondit avec candeur et humilité. Ses réponses furent satisfaisantes ; mais on lui fit entendre qu'elle était encore bien jeune, que rien ne pressait, qu'elle avait besoin de mûrir plus longtemps sa vocation dans le monde.

On avait remarqué du courage et de la force d'ame en elle : ce fut une raison pour l'éprouver davantage. On lui fit entendre d'abord que peut-être la recevrait-on dans un mois, peut-être plus tard ; et l'on finit par lui dire que peut-être jamais elle ne serait reçue. A ce mot *jamais*, elle poussa un cri, et elle répéta encore ce mot *jamais !* Un cri si expressif et si touchant avait fait une vive impression sur le cœur des supérieures du Carmel, qui cependant crurent devoir garder le silence pour donner plus de mérite à son épreuve, et laisser tout faire à Dieu. Justine, à qui cette réponse avait porté un coup terrible, fut encore accablée de ce cruel silence; mais loin de se laisser abattre, elle conçut l'espérance que sa vocation réussirait par l'intercession de la Sainte Vierge.

Après cet entretien elle se retire, entre dans l'église du couvent, se prosterne devant Dieu, et demeure deux ou trois heures en prières. Mais sans consolation, se voyant ainsi repoussée du ciel et de la terre, elle offre à Dieu l'amertume dont son ame est abreuvée, pour obtenir la conversion de quelques pécheurs, et s'en retourne dans sa famille.

Jusque-là sa santé avait résisté à tout; mais après le refus qu'elle venait d'essuyer, elle fut atteinte d'un coup de sang qui lui ôta l'usage de ses jambes. Cet accident la réjouit au lieu de l'affliger, parce que c'était une occasion de souffrir. On voulut y porter remède, elle s'y opposa; et elle trouvait le moyen de perpétuer ses plaies. La souffrance n'était rien pour elle: son seul regret était de ne pas être encore Carmélite.

Pour se consoler un peu dans sa peine, elle écrivit aux Carmélites une lettre, vrai chef-d'œuvre de modestie, de simplicité, mais en même temps de véhémence et de force; elle terminait par supplier toute la Communauté de prier et d'intercéder pour elle auprès des supérieures. Ses expressions étaient si humbles, si touchantes et si simples, que toute la Communauté supplia les bonnes mères de ne pas différer davantage le jour de son entrée. Mais la prudence ne leur permit pas de se rendre à de si justes sollicitations; seulement elles répondirent à Justine de manière à la rassurer un peu, et lui firent espérer que Dieu bénirait sa vocation. Quand elle reçut cette lettre qui lui rendait l'espérance, son cœur transporté de joie rendit à Dieu de tendres actions de grâce; elle se trouva même bientôt assez forte pour aller remercier elle-même les Carmélites. Dès-lors elle les visita régulièrement deux fois par semaine, s'y rendant toujours à pied pendant six mois. Le chemin était long, mais le plaisir qu'elle trouvait à le parcourir lui en faisait oublier la longueur. Enfin elle entra chez les Carmélites le 14 octobre, le jour même de sa naissance; elle avait alors dix-sept ans.

La nouvelle de son entrée prochaine dans le couvent s'étant répandue dans le village, fit verser beaucoup de larmes à tous ceux qui avaient le bonheur de la connaître, et principalement à ceux qui avaient reçu d'elle tant d'instructions salutaires; on accourt chez elle, on la remercie, on se recommande à ses prières; les uns pleurent son départ comme celui d'une mère qui abandonne ses enfans, encore faibles et timides dans le chemin du salut; les autres, comme une amie sage et prudente qui leur apprenait à chercher en Dieu leur bonheur, et à ne mettre leur espérance qu'en lui seul. Au milieu d'adieux si touchans le cœur de Justine était attendri, mais non pas abattu. Elle recommanda à ses amies de prier pour elle, de mettre en Dieu toute leur confiance, de lui demeurer toujours fidèles, leur promettant qu'il ne manquera pas de les bénir. On se sépara quoique avec bien de la peine, et elle partit pour le Carmel. Ses amies inconsolables ne retrouvèrent plus une autre Justine.

CHAPITRE III.

Son entrée aux Carmélites de Montauban. — Sa prise d'Habit, et sa Profession.

Ce fut vraiment un jour de fête pour toutes les Carmélites que celui où elles reçurent Justine. Une douce joie brillait dans ses yeux et se répandait sur tous les traits de son visage; son air de candeur, son maintien modeste et aisé, ses manières simples et affables lui gagnèrent tous les cœurs. On aimait à la voir et à l'entendre; on jouissait de son bonheur; et l'on conçut l'espérance qu'elle répandrait dans la Communauté la bonne odeur de toutes les vertus.

A peine entrée au noviciat, la sœur Augustine (car c'est ainsi qu'on l'appellera désormais) s'y fit remarquer par son humilité et par son obéissance ; elle s'appliqua fortement à s'instruire de ses devoirs et des moindres pratiques de la maison, afin d'en faire la règle de sa conduite. Elle ne se pardonne rien ; elle exagère même ses fautes, et fait surtout de grands efforts pour atteindre les plus avancées dans la perfection qu'elle voudrait pouvoir égaler dès le commencement. Donnant un libre cours à son amour pour la pénitence, et trouvant encore trop délicate la couche dure du Carmel, elle se réduit à coucher sur des planches nues.

Il est d'usage chez les Carmélites de baiser la terre au chœur lorsque, pendant la récitation de l'office divin, on vient à faire une faute ou à mal prononcer quelques mots. La sœur Augustine n'eut pas de peine à se conformer à cet usage : elle n'y manqua jamais. Mais quelques jours après son entrée, on reçut une nouvelle postulante dont elle fut l'*ange* ou la *mère*, c'est-à-dire chargée de lui apprendre les usages de la Communauté. Cette jeune postulante manquait souvent à baiser la terre, faute de mémoire, surtout au chœur. La sœur Augustine, toujours prête à s'humilier pour réparer les fautes des autres et principalement de sa petite fille, baisait souvent la terre, quoiqu'elle n'eût manqué en rien à la récitation de l'office; cela dura long-temps. Enfin, comme on lui demanda pourquoi elle se prosternait si souvent: « C'est, dit-elle, parce que ma petite fille se trompe souvent, et elle est si timide, qu'elle n'ose pas se prosterner elle-même; et comme je sais que les fautes du chœur doivent être réparées, je suis bien aise de lui épargner cette petite confusion, et de me punir à sa place. Je pense que peu importe devant Dieu par qui la faute soit réparée, pourvu qu'elle le soit ». Elle aurait voulu qu'on lui permît de faire réparation pour toutes ses sœurs; mais on lui dit que chacune ne devait se prosterner que pour soi; on lui défendit de continuer à l'avenir, et elle obéit.

On pourra juger des sentimens de son cœur par les paroles suivantes: « Saint Pierre d'Alcantara, disait-elle, obtenez-moi la grâce de répondre et de me conformer aux saintes impressions que font sur moi les touchans exemples de votre vie crucifiée, dégagée des sens et des objets créés, particulièrement de surmonter avec la grâce de Dieu mon sommeil trop long et trop profond, et de parvenir comme vous à ne dormir qu'une ou deux heures au plus.

« Saint Albert de notre ordre, obtenez-moi la grâce de ne jamais céder à la sensualité dans mes repas, et de tenir pendant ce temps tous mes sens attachés à la croix de mon Sauveur, autant que je le pourrai, sans manquer à la sainte obéissance. »

Des dispositions si heureuses excitaient l'émulation de toutes ses compagnes: elles ne pouvaient voir sans admiration tant de vertus dans une postulente, qui marchait toujours en la présence de Dieu, et vivait dans un profond recueillement.

Bientôt on l'a jugea digne de recevoir le saint habit, et sa famille fut informée qu'on était sur le point de le lui donner. Elle le reçut avec les dispositions les plus édifiantes. A la voir toute pénétrée de ce qu'elle faisait, si recueillie, si modeste, on était porté soi-même au recueillement, à la modestie et à la ferveur. Dieu fit descendre sur elle une pluie de grâces si abondante, qu'on aurait cru son ame dans le ciel.

Elle cachait avec soin les grâces qu'elle recevait de Dieu; le peu qu'on pouvait en apprendre, on le tenait de la maîtresse des novices à laquelle, dans ses communications, elle ouvrait son cœur, bien qu'avec réserve en ce qui pouvait la faire estimer, parce qu'elle aspirait toujours à être inconnue et comptée pour rien.

Revêtue du saint habit, la sœur Augustine de Saint-Elie (ainsi nommée d'après le désir de son père) continua à vivre aussi saintement jusqu'au moment d'une profession long-temps désirée; on la voyait croître en vertus de jour en jour; rien ne lui coûtait, rien ne l'arrêtait; elle allait droit à son but, demandant à Dieu ce qu'elle ne pouvait pas par elle-même, et mettant à profit tous les dons qu'elle en recevait. Mais sa pensée fixe et dominante était de mener une vie conforme à celle de Jésus crucifié: elle aurait voulu mourir comme lui, clouée sur une croix; elle se mortifiait sans pitié, se privait avec une constante sévérité de toute satisfaction, étouffait les mouvemens de la nature, et affligeait son corps par de sanglantes disciplines. Elle mangeait indifféremment les choses les plus rebutantes, des fruits gâtés qu'elle choisissait toujours de préférence. Si elle se promenait dans le jardin pendant l'heure des récréations, pourvu qu'on ne s'en aperçut pas elle cueillait quelques feuilles de la plante la plus amère, et en savourait long-temps l'amertume. Elle se portait avec une grande joie aux occupations les plus basses; elle aimait à balayer la maison, à faire tout ce qu'il y a de plus humiliant et de plus pénible à la nature. Quelquefois elle allait puiser de l'eau, ou bien portait du bois à la cuisine, autant pour rendre service aux sœurs converses que pour s'abaisser elle-même.

L'amour de la mortification ne lui faisait pas oublier la pratique des autres vertus: elle était d'une obéissance à toute épreuve, se laissait conduire comme un enfant, ne faisant jamais d'observation quand on lui commandait quelque chose, et montrant en tout qu'elle avait autant renoncé à son jugement qu'à sa volonté. L'humilité lui faisait observer la plus grande réserve dans ses discours; elle ne parlait presque jamais d'elle-même, ou si quelquefois elle le faisait, c'était de manière à faire perdre un peu de l'estime qu'on avait pour elle. Ne se considérant pas seulement comme la dernière du couvent, mais encore comme indigne de l'habiter, et toujours persuadée qu'elle était bien au-dessous de son état, elle faisait de continuels efforts pour en atteindre la perfection; mais comptant peu sur elle-même, elle ne cessait d'implorer la miséricorde de Dieu par l'intercession des saints auxquels elle adressait les prières les plus ferventes. Ordinairement elle priait de cœur; quelquefois cependant elle écrivait ses prières, on en a trouvé plusieurs après sa mort. En voici quelques-unes :

« O Saints et Saintes qui avez eu le bonheur de vous rendre agréables à Dieu par votre fidélité à ses grâces, obtenez-moi de me défaire de tout ce qui n'est pas lui, afin que je travaille salutairement à partager un jour votre sort; obtenez-moi la grâce de traiter avec Sa Majesté Divine avec toute la révérence possible à ma bassesse; donnez-moi l'esprit doux et humble d'une ame qui aspire à la vie d'une digne épouse de Jésus, qui veut l'imiter dans sa vie crucifiée; l'humilité de cœur que nous a recommandée notre divin Maître et modèle, et la docilité à suivre les avis de mes supérieures et de mon confesseur, et surtout le recueillement et l'humilité au milieu des plus grands obstacles, afin d'entendre la voix du Saint-Esprit sans aucune illusion. Enfin, grands Saints que la charité a conduits au bonheur éternel, obtenez-moi la pureté de cette vertu qui produit les bonnes œuvres qui doivent durer éternellement, tandis que tout le reste, non-seulement ne sera d'aucun prix, mais sera anéanti; obtenez-moi, dis-je, la grâce de ne désirer que la simplicité évangélique, ainsi que l'intelligence nécessaire des voies intérieures où il me faut passer pour répondre à la grâce de ma vocation, que Dieu me rend si douce et si heureuse. Obtenez-moi toutes ces faveurs dans le plus haut degré, pour la plus grande gloire de Dieu. »

« Et vous, saint Michel, Archange, vous premier et fidèle défenseur de la loi de Dieu, qui avez eu le courage de renverser ceux de vos compagnons qui lui étaient contraires, mon dessein est de vous imiter dans le grand amour que vous lui avez témoigné dans cette circonstance; je veux aussi me délivrer de tout ce qui lui est contraire en moi, prendre ses intérêts contre tout moi-même, qui ne suis que péché. Vous avez acquis un grand crédit auprès de ce Dieu si bon; soyez favorable à mon dessein, soyez-le à mon désir ardent de vivre toute consommée en Dieu, dans un dépouillement total de tout moi-même, afin d'être une Carmélite selon son cœur, s'il me fait la grâce de recevoir mes vœux et de les protéger comme je l'espère de sa bonté; associez-moi à votre zèle et à votre force pour repousser les ennemis de mon Dieu, et les repousser jusqu'à victoire complète et à une parfaite adoration devant sa suprême majesté. »

« Et vous, saints Anges, Séraphins, Chérubins et toutes les hiérarchies célestes je vous recommande toutes mes affections, afin que vous les dirigiez vers leur centre en union des vôtres, après les avoir bien purifiées, pour qu'elles puissent arriver au cœur de Jésus et me mériter d'être reçue à profession; je vous recommande toute la science que Dieu à dessein de me donner pour faire ce qu'il veut de moi; dirigez-la toujours cette fin pour que j'en sois plus humble comme vous, vous qui connaissez les raisons des opérations divines; vous trônes qui les voyez, je vous recommande toutes les lumières intérieures que Dieu veut me donner pour faire sa sainte volonté; ne permettez pas que j'en fasse jamais d'autre usage. Obtenez-moi que j'emploie ces lumières aux fins de Dieu avec une entière humilité et connaissance de moi-même, et le calme intérieur pour que Dieu puisse y habiter sans cesse. —

« Enfin, vous tous Esprits célestes, protégez-moi, defendez-moi, guérissez-moi, animez-moi de vos saintes ardeurs, éclairez-moi de vos lumières chacun en particulier et tous en général comme votre condition le requiert. Profitant de vos faveurs et de vos exemples par la grâce de Notre-Seigneur Jésus-Christ; je vous recommande de nouveau tous mes exercices spirituels et particulièrement ceux qui sont d'obligation; je vous recommande mes paroles avec le prochain; je vous recommande ma bouche: qu'elle ne prenne jamais de nourriture que pour obéir à Dieu, ainsi que d'autres soulagemens où la nature voudrait trouver son compte; je vous recommande tous mes bons désirs, impressions, mouvemens, affections que j'ai reçus ou recevrai de la grâce de mon Dieu; faites revivre et profiter tous ces talens du Seigneur; je vous recommande surtout ce grand jour de mes vœux qui me semble approcher, si Dieu n'y fait point naître d'autres retards, que néanmoins j'accepte d'avance, ne me trouvant jamais plus heureuse que dans l'accomplissement de sa sainte volonté. »

C'est ainsi qu'elle manifestait dans le secret les sentimens qui habitaient dans son cœur; son amour pour Dieu était tendre et animé plus qu'on ne peut le dire et allait toujours croissant; elle avait reçu le don d'oraison à un degré très-éminent; toutes les facultés de son ame s'y portaient avec une incroyable facilité. Elle reçut de Dieu un autre don bien précieux : c'était le don des larmes. Ses larmes coulaient partout et en abondance : à table, son pain en était souvent arrosé; mais à la prière, et quand ses yeux s'élevaient vers Dieu, elles ne cessaient pas de couler. Comme on ne savait pas qu'elle eût reçu ce don surnaturel, quelques sœurs qui la croyaient fort affligée, lui dirent un jour : « Sans doute, ma sœur Augustine, vous avez quelque grande peine; faites la connaître à notre Maîtresse qui certainement vous consolera. » Mais elle répondit, en souriant : « Je vous remercie de votre attention; je n'ai aucune peine : ce sont mes yeux qui pleurent et non pas moi. »

Ses larmes coulaient encore plus les jours où l'on admettait de nouvelles sœurs au noviciat ou à la profession, et aussi lorsqu'on faisait le récit de quelque conversion, ou lorsqu'il s'agissait de la gloire de Dieu ou de l'avancement des ames. On l'a vue plusieurs fois psalmodier ou chanter vêpres avec force et ardeur, et en même temps pleurer avec tant d'abondance, que son livre et son scapulaire en étaient trempés, sans qu'il se connut à sa voix qu'elle pleurât.

La sœur Augustine de Saint-Élie ayant ainsi constamment édifié ses sœurs pendant tout son noviciat, par son humilité, sa fidélité à tous ses devoirs, ses efforts soutenus pour acquérir toutes les vertus, fut admise à faire sa profession que plusieurs raisons avaient fait différer près de deux ans : on avait craint d'abord que la faiblesse de sa poitrine ne lui permît pas de soutenir une vie aussi austère que celle des Carmélites ; mais cette crainte se dissipa, et elle prononça ses vœux le 5 septembre 1820, jour de saint Laurent-Justinien, en qui elle avait une tendre confiance. Ce fut pour elle une joie indicible de se consacrer irrévocablement à Dieu dans un ordre si parfait et dans une maison où régnait l'esprit primitif de l'ordre.

La cérémonie de ses vœux étant achevée, elle va au chœur adorer et remercier celui qu'elle venait de prendre pour son époux. Là, prosternée devant Dieu, son ame se répand en reconnaissance et en amour, et demeure long-temps sans vie et sans mouvement, comme perdue en son divin Jésus. Elle se croyait seule, mais plusieurs sœurs l'aperçurent, toutes ravies de l'espèce d'extase dans laquelle elles la virent. Ce fut pour elle un grand sujet de confusion quand elle sortit de cet état, d'apprendre qu'elle avait été vue. Mais il faut l'entendre parler elle-même :

« O vous, saint Laurent-Justinien, vous que Dieu a rendu le protecteur de mes vœux, faites que, par le secours de vos prières, je sois fidèle à remplir tous mes saints engagemens, à pratiquer une aussi entière pauvreté d'esprit que possible, lorsque j'ai promis à ma profession de ne faire cas des consolations sensibles qu'autant qu'il est nécessaire pour aller à Dieu, préférant toujours l'esprit de foi. O grand amant de Jésus, obtenez-moi la perfection de cet esprit de foi qui ne met point de milieu entre la sagesse éternelle et sa créature, n'agissant en tout qu'en Jésus-Christ notre bénin Sauveur, que pour lui et par lui, et surtout de l'aimer ce Dieu de bonté et de miséricorde, préférablement à ses propres bienfaits. »

« Saint Pierre, martyr, faites aussi que, par votre secours, j'obtienne la vie de foi dans ce suprême degré qui vous a mérité la grâce du martyre. »

« Et vous, ô mon Père, par l'intercession duquel ma sainte Mère Thérèse dit n'avoir jamais rien demandé à Dieu qu'elle ne l'ait obtenu, c'est avec cette même confiance que je m'adresse à vous pour obtenir de Dieu trois choses : la grâce de la vie de foi, de la vie intérieure, de la vie solitaire et de silence qui vous a mérité de devenir le représentant de Dieu même auprès de son Fils sur la terre. »

Un jour, pendant la récréation, s'entrenant avec

ses compagnes du noviciat sur le malheur de tant d'ames livrées à leurs passions qui les éloignent des biens éternels, et sur le bonheur qu'elles avaient d'être appelées dans la solitude à une vie de perfection, elle leur dit : « Mes sœurs, pour parvenir à la plus sublime perfection, il ne faudrait que garder parfaitement le premier commandement de Dieu. » Ses compagnes (du moins quelques-unes), qui ne comprenaient pas bien sa pensée, lui dirent : Que cependant il fallait bien faire autre chose que de garder ce premier commandement. « Non, dit-elle ; et je me trouverais heureuse si je gardais ce premier précepte que Dieu m'a donné ; c'est là, dis-je, la base, le fondement et le principe de toute la perfection : car, enfin, que nous ordonne ce commandement : *Vous aimerez le Seigneur votre Dieu de tout votre cœur, de tout votre esprit, de toute votre ame et de toutes vos forces.* Quoi ! observait-elle avec une ferveur qui les animait toutes, si nous aimions Dieu de tout notre cœur, comme nous y sommes obligées, quel serait notre détachement pour ce qui n'est point lui et ne tend point à lui ? Quel serait le profond mépris que nous aurions de notre coupable nature, de nous-même, de notre propre volonté ? Quelle serait enfin la grandeur de la haine qu'il demande que nous ayons pour notre *nous-même ?* Si nous l'aimions de tout notre esprit, nous oublierions la terre et tous nos intérêts particuliers, pour ne plus songer qu'aux siens, qu'à lui-même et aux choses du ciel; Si nous l'aimions de toute notre ame, toutes nos facultés ne seraient employées que pour lui. et enfin, si nous n'employions toutes nos forces qu'à n'aimer et à ne vouloir agir que pour Dieu en toutes nos œuvres, il me semble que notre vie serait parfaite. Qu'en pensez-vous, mes sœurs? et véritablement, de quel droit oserions-nous prétendre au bénéfice d'un amour qui a coûté la vie à Dieu, si nous n'y coopérions de notre part au même prix? N'est-ce pas en pratiquant le précepte de son amour comme il le veut et nous l'ordonne?»

Ses sœurs furent si édifiées de cet entretien, qu'il est toujours demeuré gravé dans leur mémoire, et son souvenir leur a toujours été d'un grand secours pour s'élever vers Dieu. Quant à la sœur Augustine, elle ne se contentait pas de parler de perfection, elle la pratiquait; et l'on peut dire qu'elle a vraiment épuisé son cœur, son esprit, son ame et toutes ses forces dans l'amour et pour l'amour de Dieu.

Son amour pour la pénitence devint plus grand chaque jour. Il n'est guère possible de le porter plus loin : jamais avare n'a montré plus de soin pour conserver son trésor et profiter des occasions de l'augmenter, qu'elle n'en montrait à profiter des occasions qui se présentaient de souffrir, et même à les chercher. Elle avait coutume de se brûler le bout des doigts pour se réveiller, lorsque pendant l'office elle se sentait trop pressée par le sommeil; il en résultait quelquefois des plaies qui la faisaient bien souffrir. Quelquefois aussi elle mettait ses bras en croix, se pinçait, s'enfonçait des épingles dans la chair. « O sainte croix, s'écriait-elle, puissiez-vous me faire participer à la vertu que notre divin Sauveur nous a communiquée; obtenez-moi que je puisse regarder toutes choses comme de la boue, et que tout ce qui n'est pas Dieu ou dans sa sainte volonté, me soit une croix; que j'en sois moi-même une pour le monde, ne cherchant à paraître que quand Jésus apparaîtra avec sa croix. »

Elle avait une tendre affection pour Marie, qu'elle invoquait souvent avec une douce confiance et une grande simplicité; et sa confiance fut récompensée par beaucoup de faveurs dont on a retrouvé quelques-unes dans ses écrits.

« 1.° Souvenez-vous, Vierge sainte, de la faveur que j'ai reçue la nuit qui précédait vos épousailles, où mon ame épousa l'anéantissement. »

« 2.° O ma Mère, pardonnez-moi si je vous nomme ainsi, puisque vous vous humiliez jusqu'à souffrir que je vous appelle de ce nom; rappelez-vous cette nuit de votre Assomption, où vous vous montrâtes à moi ; vous m'apparûtes si belle, que, toute ravie, je me sentis le cœur, l'ame et tout mon être gagnés à votre service. Que pourrais-je faire pour vous être agréable, m'écriais-je, à vos genoux? — Dites le chapelet quelquefois. — O voix douce et pénétrante, de quel feu vous embrasâtes mon cœur et mon ame! Jusque-là je doutais que je dusse dire le chapelet, sous prétexte qu'il valait mieux faire oraison ; et puis vous me dîtes de lire Thaulère, et me fixâtes la lecture que vous vouliez que j'y fisse. Par cette grande bonté vous répondîtes à de grands désirs que j'avais de connaître ce que Dieu demandait de moi de plus parfait, et je trouvai dans ce livre, aux endroits que vous m'indiquâtes ce que mon cœur voulait savoir ; je vous demande, de toutes les ardeurs de mon ame, les dispositions nécessaires pour en tirer tout le profit que vous savez m'être nécessaire. »

« 3.° Souvenez-vous encore, ô ma bonne Mère, de tant de circonstances où mon misérable cœur a été touché et pressé de vous suivre à l'odeur de vos parfums, à l'occasion des sermons, discours, cantiques, etc. ; de tant de grâces et de faveurs que Dieu m'a accordées par votre moyen, particulièrement à l'époque de vos fêtes et dans cette retraite où je commençai à comprendre d'une manière particulière la *Reine*, la *Mère* et la *Sœur* des enfans du Carmel ; lorsque vous daignâtes m'entretenir sept quarts d'heure ou environ sur les moyens de perfection propres à arriver jusqu'à Dieu. Rappelez-vous ce que vous m'apprîtes sur la vertu d'humilité. O ma Mère ! quelle soif pour cette vertu, et quel transport de reconnaissance tout à-la-fois vous avez versé dans mon ame en daignant vous donner pour exemple, me disant : *Qu'en vous la perfection de cette vertu fut la mesure de votre élévation*. Souffrez que je vous dise celle de vos faveurs que j'apprécie le plus : c'est celle de me faire tendre à votre humilité, non pour être élevée comme vous, ô ma Souveraine, mais pour nourrir mon ame de ma bassesse et vileté, et par là trouver grâce devant Dieu. Vous savez combien j'ai d'ennemis à combattre. Assistez-moi de plus en plus, car je suis bien faible, et mon caractère hautain loin de me seconder sert d'arme à mes ennemis ; c'est de votre protection et en considération de votre humilité que j'espère obtenir grâce devant Dieu. »

« 4.° Le jour de la Nativité, la première année de ma profession. — O ma Mère, souffrez mon imperfection, car je sens que je suis bien imparfaite. Qui pourrait l'exprimer ? Il me semble que c'est le jour où je ne fais que commencer à vous connaître, où j'ai voulu me convertir tout de bon. Voyez la confusion et l'espèce d'accablement où me met ce que je vois en vous, ô divine Enfant, au moment de votre naissance. Ah! quel excès d'opposition se trouve entre vous et moi!.. jamais je n'ai si bien connu mes misères que dans ce saint miroir! Mais par votre faveur, ô ma miséricorde après Dieu, jamais je n'ai eu tant de force, de confiance, plus de moyens de me convertir qu'aujourd'hui. O ma Mère, de grâce souvenez-vous de ce que vous me promîtes le jour de votre Assomption, par un pur effet de votre bonté toute maternelle. »

« 5.° Le jour de Notre-Dame de la Mercie. — Que vous dirai-je, ô ma divine Mère, pour reconnaître vos faveurs d'aujourd'hui? Hélas! je n'ai point d'expressions pour cela. Ma bonne Mère, je suis un petit enfant à peine né dans la voie du salut; obtenez-moi, pour comble de faveur, tous les fruits des bonnes résolutions, saintes impressions, ardens désirs qui se sont succédés dans mon ame ce matin, afin que je sois délivrée de la malheureuse captivité de mes ennemis, et que j'entre dans la liberté des enfans de Dieu. Mais, ô ma vie après Dieu! obtenez-moi que je ne puisse m'attribuer rien de ce changement si prodigieux. »

Après tant de faveurs signalées et tenues cachées pendant sa vie, on croira aisément que l'humilité avait poussé de profondes racines dans la sœur Augustine: c'était sa vertu. Si l'on voulait lui faire plaisir, on y réussissait toujours en l'humiliant ou en lui procurant les occasions de s'humilier, et elle les saisissait avec joie et reconnaissance, on peut même dire avec une sorte de respect. Jamais elle ne s'excusait ; elle faisait même en sorte qu'il parût en elle quelque chose de répréhensible par où l'on pût l'accuser ; elle ne prenait volontiers sur elle les fautes des autres qu'afin d'en recevoir les reproches et les humiliations méritées.

La Maîtresse des novices voulant lui procurer la satisfaction qu'elle trouvait à être humiliée, parut un jour dans un grand courroux contre la sœur Augustine, l'apostropha en pleine communauté, et l'accusa d'une faute grave, mais supposée. Elle, toute joyeuse de la confusion publique qu'elle va recevoir, approche pour se prosterner aux pieds de sa maîtresse ; mais son air angélique pénétra si vivement le cœur de sa maîtresse, que peu s'en fallut qu'elle ne se trahit ; elle se contenta de la renvoyer à sa place avec des paroles dures et humiliantes. Augustine se retira, mais lentement, pour laisser à sa maîtresse le loisir de l'humilier davantage. On peut voir dans les quatre invocations suivantes quelle était sa soif pour les humiliations.

« Saint Dominique, disait-elle, obtenez-moi un sincère mépris de moi-même, plus grand que tout celui qu'on pourra jamais faire de moi, si l'on vient à me connaître. Obtenez-moi aussi que je ne perde point de vue les opprobres de notre divin Sauveur, lesquels m'étaient dus, et que je me suis obligée de réparer dans ma vie, autant qu'il est en moi par sa grâce. »

« Sainte Thaïs, obtenez-moi la grâce d'écouter Dieu sans lui parler plus qu'il ne le veut, que je me soumette à lui, pleine de confusion, de respect et de défiance de mes discours, et d'avoir sans cesse les abominations de ma jeunesse présentes à mon esprit, sans perdre la confiance en notre Sauveur qui peut me guérir. »

« Sait Hyacinthe, obtenez-moi la grâce de copier en moi ce que je verrai de bien dans les autres et la profonde humilité de saint Dominique, votre père, laquelle vienne de la connaissance de Dieu et de moi-même. »

« Saint Augustin, dont je porte le nom, et que je n'ai que trop imité dans votre première vie, en partageant vos égaremens; faites, ô grand amant de Dieu, illustre pénitent, que maintenant je vous suive dans votre sainte vie; et obtenez-moi que les illusions du tentateur ne me fassent point chanceler dans la vie plus spirituelle que je me propose de mener à l'avenir. »

On pourrait lui demander où et en quel temps

elle a donné dans des égaremens semblables à ceux de saint Augustin; comment peut-elle se dire la plus grande pécheresse qui soit sur la terre, elle de qui la vie a toujours été pure, retirée et mortifiée; mais ce langage si édifiant pour nous était vrai dans elle qui avait de plus grandes lumières que nous sur la malice et la corruption profonde du cœur humain, aussi bien que sur la sainteté de Dieu. Tous les Saints se sont dits de grands pécheurs; ils l'ont cru, et ils avaient raison.

Cependant Dieu va la mettre à une épreuve bien pénible. Une communauté de Carmélites qui s'était nouvellement relevée de ses ruines, manquait de quelques sujets capables de former les autres. On en demanda à la maison où se trouvait la sœur Augustine, qui fut la première sur laquelle on jeta les yeux, bien qu'elle vint seulement de terminer sa première année de profession; on lui en donna avis. Elle reçut cette nouvelle comme un coup de foudre, mais elle garda le silence. Cependant les préparatifs de départ se faisaient, et Augustine se voyant si près de son départ, se sentit, quoique disposée à obéir, une telle répugnance à quitter son couvent, qu'elle éclata en gémissemens et versa beaucoup de larmes. Sa maîtresse fut instruite, malgré ses précautions, de sa désolation et du sujet qui la causait. Elle chercha à la consoler et lui dit avec bonté:

« Rassurez-vous, vous ne sortirez point de cette maison, puisque vous y avez une si grande répugnance; rentrez dans la paix de votre ame; vous resterez ici avec nous, une autre partira à votre place. » On verra dans la suite que Dieu avait bien d'autres vues sur cette sœur. Cependant ses compagnes voulurent savoir d'où lui venait cette grande répugnance, et elle leur dit : « Que ce n'était pas à la maison qu'elle tenait, mais à sa maîtresse, qui la connaissant et sachant combien elle était orgueilleuse, avait la charité de l'humilier et de la mortifier souvent, tandis qu'ailleurs n'ayant personne pour arrêter son orgueil et la faire rentrer dans le néant, elle avait beaucoup à craindre de se perdre, n'étant pas capable de se sauver par elle-même. »

Augustine ne fut pas long-temps à craindre d'avoir résisté à la volonté de Dieu, en laissant trop apercevoir sa répugnance. Bientôt elle se répandit en regrets aux pieds de son divin Epoux qu'elle conjurait de lui pardonner, lui promettant bien sincèrement que dans la suite elle obéirait en aveugle à ses supérieures, et en recevrait les décisions comme venant de Dieu même. On verra plus tard qu'elle tint sa parole, et dans des occasions bien opposées à son amour pour la vie humble et cachée. Cet amour lui donnait un grand attrait pour la vie solitaire ; elle a souvent demandé qu'il lui fût permis de se bâtir une petite cellule au fond du jardin, afin de vivre là, seule avec Dieu seul, et de tenir son esprit continuellement appliqué à sa sainte présence, et d'oublier tout-à-fait toutes les choses d'ici-bas.

La véritable oraison, disait-elle, c'est la pratique ; le temps que je passe à former de grands désirs de fidélité à mes devoirs, je n'y vois guère que des recherches de vanité et d'orgueil : c'est bien autre chose quand Dieu fait voir à l'ame, dans le silence, toutes ses imperfections et lui enseigne à vivre d'un véritable esprit intérieur.

Son amour pour Dieu était si ardent, qu'elle ne voyait en toutes choses et ne cherchait que lui seul : ce qui la tenait dans une oraison continuelle et si fervente, qu'elle avait atteint, autant qu'il est possible sur la terre, le bonheur que goûtent les élus dans le ciel, qui contemplent sans interruption le Dieu trois fois saint. Elle y aspirait du moins, et disait quelquefois : « Faisons sur la terre ce que font les saints dans le ciel. » Dieu même la favorisait dans cette voie de perfection en l'attirant fortement à lui par les doux attraits de sa grâce et l'entraînement de son saint amour. Ses différens emplois et ses occupations extérieures ne mettaient point d'interruption à ses entretiens intérieurs avec Dieu :

aussi, disait-elle, l'heure qui nous appelle toutes au chœur pour l'exercice de l'oraison, n'est pas pour nous le commencement, mais la continuation de l'oraison dont Dieu a nourri notre ame pendant les occupations précédentes.

Si quelquefois elle se croyait seule, elle donnait un libre cours aux tendres affections de son cœur, dans ses entretiens avec Dieu; et la véhémence de ses paroles révélait le feu d'amour qui brûlait son ame. On l'entendait quelquefois s'écrier durant la nuit : « O quand viendrez-vous, mon Jésus, quand viendrez-vous rompre mes chaînes ? ô quand fondrez-vous mon cœur dans le vôtre ? quand brûlerez-vous la rouille de mes péchés qui me crucifient jusqu'à mourir ? Venez, venez donc, mon Seigneur Jésus. » Et ces entretiens finissaient ordinairement par des extases. On l'a trouvée souvent dans cet état pendant la nuit, quelquefois sur son lit, quelquefois sur une chaise. Cette grande application de son esprit à Dieu lui avait inspiré un tel mépris pour son corps, qu'elle le regardait comme un chien mort, et comme son plus cruel ennemi.

Après sa sortie du noviciat, on lui donna l'emploi de seconde portière. Là, elle pratiqua longtemps un acte de mortification dont peu de personnes seraient capables. Ses parens ayant vendu leur propriété rurale, le domestique qui les avait servis long-temps, qui avait vu naître la sœur Augustine et lui était très-attaché, se trouva sans place; Augustine le proposa à ses supérieures comme un homme de confiance, capable de diriger la petite propriété pour laquelle les Carmélites cherchaient un domestique; et elle dit tant de bien de lui, qu'on l'accepta. Sa charge donnait souvent à cet homme l'occasion de venir parler à la portière; il aurait été ravi d'apprendre qu'il parlait à la sœur Augustine pour laquelle il avait beaucoup d'estime et d'affection, et même de reconnaissance; car il savait bien ce qu'il lui devait. Eh bien, cet homme vint à-peu-près toutes les semaines s'entretenir avec la sœur Augustine, sans que jamais elle se soit fait connaître; et comme il apprit par hasard que c'était à son ancienne maîtresse qu'il avait parlé pendant six mois, il en était inconsolable. Ce trait de mortification édifia beaucoup toute la Communauté, qui comprenait tout cé qui avait dû en coûter à la sœur Augustine pour se priver du plaisir qu'elle aurait goûté et procuré à son ancien domestique en se faisant connaître.

Un étranger s'étant acquitté d'une commission au tour du couvent, voulut savoir à qui il parlait, et demanda à la sœur Augustine son nom et son pays; mais elle évita de lui répondre, en lui parlant adroitement d'autre chose. Cependant il tenait à la connaître, et il demanda qui elle était aux sœurs tourières; et quand il eut appris son nom, il s'écria : « Ah! mon Dieu, cette sœur est une sainte : tandis qu'elle me parlait, je me sentais tout pénétré de sentimens inconnus. Ses paroles m'ont fait une impression qui m'a frappé. Quelle humilité dans cette sœur, quelle modestie! Ah! mon Dieu, ce sera une grande sainte, vous le verrez ».

CHAPITRE IV.

La sœur Augustine devient Maîtresse des novices.

Les supérieures voyant les grands progrès que faisait la sœur Augustine dans la vie religieuse, et les talens que Dieu développait en elle pour la conduite des ames, crurent pouvoir, malgré sa jeunesse, lui confier la charge importante de maîtresse des novices. Cette nouvelle inattendue la troubla d'abord; mais elle se souvint que, dans une autre circonstance, elle avait promis d'obéir aveuglément. Elle ne fit donc point d'observation, et demanda seulement trois jours de délai pour réfléchir et prier, après lesquels elle se laissa conduire devant les novices, avec cette condition toutefois qu'on ne lui donnerait aucune de ces marques de respect qui sont dues à la supériorité, parce qu'elle ne se regardait que comme un fantôme de maîtresse, plus capable d'empêcher le bien que de le faire. Elle fut bien trompée dans son attente : elle reçut les honneurs dus à son emploi et à sa vertu; mais ce n'étaient point des honneurs qu'on lui rendait, c'était une tendre affection qu'on avait pour elle. Toutes les novices se félicitaient de l'avoir pour maîtresse; toutes mirent en elle leur confiance entière; et dès qu'elles la possédèrent, elles commencèrent à craindre de la perdre. Elle avait beau s'humilier, se croire indigne, incapable, elle était seule à penser ainsi; et plus elle s'anéantissait, plus elle grandissait en estime et en affection dans le cœur de ses novices.

Elle se croyait si au-dessous de cet emploi, qu'elle n'entrait jamais dans le noviciat, pour y exercer son office, qu'avec la tête baissée et enfoncée dans son voile, et avec le maintien d'une personne qui se disait tout bas à elle-même : « Moi, maîtresse des novices, pauvre maîtresse des novices. » Cette conviction d'incapacité ne l'empêchait pas cependant d'être une excellente maîtresse des novices, de les conduire dans les voies de perfection, et principalement dans celles de l'amour de Dieu par le détachement et l'abandon de toutes les créatures.

On peut dire, en effet, qu'elle n'était pas maîtresse des novices, mais seulement un instrument docile dans la main de Dieu qui faisait son œuvre par elle, et qui était sa lumière, son guide et sa force ; elle en était si persuadée, qu'elle ne cessait de remercier Dieu de ce qu'il voulait bien tout faire lui-même, et elle s'offrait chaque jour à son divin Epoux comme une victime disposée à tous les sacrifices. Ses communications avec Dieu, loin de souffrir de sa charge, n'en devinrent que plus intimes. Ce fut dans une de ces oraisons où elle demeurait si long-temps comme abîmée, qu'il lui apprit tout ce qu'il voulait qu'elle souffrît pour sa gloire ; et le tableau des souffrances qui l'attendaient, loin de la troubler ne fit qu'augmenter son courage et sa joie, parce qu'elle n'aspirait jamais qu'à s'immoler au point qu'il ne restât rien d'elle-même.

Peu de temps après elle eut une occasion de satisfaire son désir habituel ; car elle fut livrée à de grandes peines intérieures, qu'elle fut obligée de porter seule et sans consolation aucune. Après quinze jours environ de souffrances continues, Dieu la livre à une peine intérieure si violente et si continue, qu'elle y aurait succombé si elle ne s'était pas sentie unie à Jésus en croix, dont le souvenir et la grâce la soutenaient. Dans cet état de désolation elle eut le bonheur de voir la Mère de Dieu, qui lui apparut avec une beauté ravissante et releva son courage par des paroles douces et consolantes.

Cette visite de Marie lui laissa une force nouvelle et un nouveau désir de souffrance : jusque-là elle s'était offerte à souffrir pour toutes les personnes de sa communauté, mais alors elle s'offrit pour toutes les maisons des Carmélites et même pour toute l'Eglise, en union du sacrifice de Jésus-Christ qui avait été offert à Dieu le Père pour la rédemption de tous les hommes. Elle aurait voulu plus que jamais donner sa vie pour le salut des pécheurs. Elle avait cette foi si peu connue, que par l'offre d'elle-même et par les souffrances qu'il plairait à Dieu d'envoyer à sa victime volontaire, ce grand Dieu daignerait faire grâce à plusieurs ames et leur appliquer les mérites de son divin Fils. Ce n'était pas la foi seule qui lui inspirait de si beaux sentimens, c'était aussi son amour pour le Dieu dont elle désirait si ardemment procurer la gloire.

Ce feu brûlant de son ame, qu'elle puisait dans la prière et dans l'étude continuelle de Jésus-Christ, quoiqu'elle en modérât les ardeurs, ne laissait pas que de percer et d'embrâser les jeunes novices.

Que j'aime à rappeler, écrivait plus tard une de ses novices, le souvenir de la sagesse touchante avec laquelle elle nous enseignait à marcher sur ses traces, surtout en ce qui concerne l'humilité et l'amour. Ah! si vous pouviez, nous disait-elle avec un feu et avec un accent de voix qui seul suffisait déjà pour nous embrâser, si vous pouviez goûter, l'espace d'un *Ave Maria* seulement, le bonheur qu'il y a dans les humiliations, vous les rechercheriez aux dépens de ce que vous avez de plus cher au monde, et même aux dépens de votre vie.

Dans une autre de ses instructions (c'était sur la Passion de Notre-Seigneur Jésus-Christ), lorsqu'elle en vint au moment où les Juifs crièrent à Pilate: Crucifiez-le, crucifiez-le, il coula une telle abondance de larmes de ses yeux, elle sanglotait si douloureusement, qu'elle fut long-temps sans pouvoir parler; lorsqu'elle put le faire, mes amies, nous dit-elle ayant le visage rouge et enflammé comme un Séraphin, pleurez, pleurez mes péchés qui ont causé ce grand crime des Juifs contre la personne divine du Fils de Dieu; pleurons, pleurons les vôtres; pleurons ceux du monde entier. Sa bonté infinie prend notre nature, vient parmi nous toute remplie de l'amour de notre salut; hé! quelle reconnaissance trouve-t-elle en nous? Ingratitude, froideur, insensibilité, des crimes qui remplissent encore toute la terre, à chaque instant du jour et de la nuit ces mêmes cris des Juifs à Pilate... Ah! mes sœurs, mes sœurs, déchirons la gueule du lion infernal par nos prières humbles et animées par la sainte charité....... Ici l'heure de la fin de l'instruction ayant sonné, elle termina aussitôt ce qu'elle n'avait fait que commencer, ce qui excita nos regrets : nous rentrâmes chacune dans nos cellules, où, remplies du même esprit et toutes perdues en Dieu, nous invoquions avec larmes Marie et Jésus tour-à-tour, pour la conversion de tous les pécheurs.

Elle inspirait par sa seule présence l'amour et le désir de toutes les vertus; ah! comme elle savait bien s'insinuer dans nos cœurs! quel talent elle avait, qu'elle secrète vertu Dieu faisait briller sur toute sa personne et ses discours, pour pénétrer les ames et les attirer à l'amour divin.

Le jour de Noël, une dizaine de sœurs entouraient la mère Prieure, et parmi elles se trouvait la sœur Augustine; mais la mère Prieure ne l'ayant pas aperçue se mit à parler de la consolation qu'elle avait eue d'entendre si bien chanter l'Office divin; que le chœur était animé! disait-elle; que les leçons ont été bien chantées! surtout celle de ma sœur Augustine, sa voix m'a étonnée; comme elle était forte. La sœur Augustine, mortifiée de s'entendre louer ainsi, baissa la tête, et dit d'une voix confuse:

Prenez garde, ma mère, je suis ici. La mère Prieure se tournant, lui dit d'un ton sévère : Vous êtes-là ! retirez-vous, vous n'êtes capable de rien, si non de gâter tout ce que vous faites. La belle chose de vous cacher ici : voilà le bel exemple que vous donnez à vos novices. A ces paroles, se prosternant contre terre, elle ne se releva que lorsque sa supérieure lui en donna l'ordre sur le même ton, et se retira d'un air si satisfait, que toutes les sœurs en étaient dans l'admiration. Alors la prieure dit à toutes d'un air gracieux : C'est ainsi qu'il faut que je la traite pour lui faire plaisir : elle n'a jamais plus de joie que lorsqu'elle reçoit une forte humiliation.

CHAPITRE V.

La Sœur Augustine est nommée Prieure du couvent des Carmélites de Limoges.

Plusieurs sœurs anciennes de la Communauté de Limoges, dispersées à l'époque des malheurs de la France où leur maison avait été détruite, s'étaient réunies depuis assez long-temps, mais n'observaient point encore la règle. Quand elles voulurent se cloîtrer elles demandèrent instamment pour Prieure la Mère Henriette, professe de leur maison, qui avait passé plusieurs années dans celle de Montauban, et qui avait été envoyée à Pamiers où elle était alors

Prieure. Celle-ci se rendit à leurs désirs, en 1823, avec une jeune professe et une postulante.

La mère Henriette qui désirait ardemment d'établir une entière régularité dans son ancienne maison, fit de grands efforts pour y parvenir; mais elle rencontra divers obstacles dans les esprits et dans la disposition de la maison, qui n'était pas faite pour un couvent de Carmélites; de telle sorte, qu'elle n'eut pas le bonheur de réussir. Rien n'était encore consolidé; et ses infirmités, jointes à son grand âge, l'empêchaient d'y porter remède. On le savait à Montauban; on parlait quelquefois de Limoges; et chaque fois qu'on en parlait, la seule Augustine avait le pressentiment qu'elle y serait envoyée; mais elle n'en disait rien à personne. Enfin, les difficultés toujours renaissantes ayant épuisé les forces de la mère Henriette, le vénérable Evêque de Limoges crut devoir faire chercher dans une autre communauté une prieure capable de relever la règle de sainte Thérèse, dans le Carmel de sa ville épiscopale; il envoya pour cela, à Montauban, le supérieur des Carmélites, qui exposa la triste position de sa communauté, composée seulement de six mères anciennes et de plusieurs novices dont aucune n'avait fait profession. Il sollicita un sujet capable de diriger les autres, et déclara que si on le lui refusait, il partirait le lendemain pour aller le chercher ailleurs, jusqu'à ce qu'il eût plu à Dieu de le lui faire trouver.

Cette proposition embarrassa les supérieures qui venaient de faire récemment une fondation et qui étaient sur le point d'en faire deux autres; cependant elles recommandèrent cette affaire à Dieu, et le lendemain après la messe, la mère Prieure prit à part la sœur Augustine, et lui dit : Ne vous sentiriez-vous pas le courage d'aller à Limoges? — Elle répondit modestement, et avec calme : Je ferai, ma mère, ce que vous voudrez. — Je le voudrais bien, répondit la mère, mais c'est comme Prieure qu'il faut y aller : voyez si vous vous en sentez la force. — Je ne suis capable de rien, mais je ferai ce que vous voudrez, et ce que Dieu voudra. Cette réponse étonna en même temps qu'elle satisfit la mère Prieure; et il fut arrêté que la sœur Augustine partirait le même jour. Elle fut accompagnée d'une sœur qu'on lui donna pour Sous-Prieure.

Les novices ne surent que quelques heures avant sont départ la perte qu'elles allaient faire; il y eut parmi elles une grande désolation, et beaucoup de larmes furent répandues. La sœur Augustine les consola de son mieux, les exhorta à se soumettre à la volonté de Dieu, et se retira bientôt parce qu'elle se sentait émue. Elle devait partir à six heures, et comme la voiture différa d'arriver, elle se rendit au réfectoire avec la Communauté et fit la lecture pendant le souper avec la même tranquillité d'ame que s'il n'y avait rien de changé dans sa position. Ce n'est pas qu'elle ne sentit toute la pesanteur du fardeau qu'on venait de lui imposer, mais elle comptait uniquement sur les secours du Dieu qui l'envoyait.

Pendant le voyage, le supérieur avec qui elle partait l'engagea à faire la sainte communion tous les jours, ce qui fut pour elle une grande consolation, et lui donna de nouvelles forces dont elle avait bien besoin pour l'œuvre difficile qu'elle allait faire.

CHAPITRE VI.

La Sœur Augustine au couvent des Carmélites de Limoges.

La sœur Augustine fut reçue avec une joie inexprimable, comme un ange envoyé du ciel; elle avait alors vingt-quatre ans. Le supérieur, heureux du succès de ses démarches, la présenta à la Communauté à laquelle il adressa quelques paroles de félicitation et d'espérance pour l'avenir, sous le gouvernement de la nouvelle Prieure; puis il bénit toute la Communauté, et se retira content de son voyage, et avec l'espoir que la régularité et la ferveur primitives de l'ordre allaient briller dans le nouvel établissement.

Monseigneur de Tournefort, dont le zèle apostolique et la charité inépuisable avaient déjà tant fait pour soutenir cette maison, ayant appris l'arrivée des nouvelles sœurs, daigna, par sa présence, augmenter la joie de la Communauté, et voulut bien promettre à la sœur Augustine, en particulier, sa protection et son appui toutes les fois qu'elle en aurait besoin.

Au lieu de se reposer des fatigues d'un voyage pénible, la sœur Augustine passa la première nuit de son arrivée presque toute entière devant le Très-Saint-Sacrement, et ne prit guère qu'une ou deux heures de repos.

Après avoir tout vu et tout examiné, elle fait son rapport à Monseigneur, qui vint s'assurer par lui-même de la nécessité de quelques changemens à cause de l'irrégularité des lieux, et autoriser la sœur Augustine à faire tout ce qu'elle jugerait convenable et conforme aux constitutions, lui promettant de venir à son secours.

Dans la visite des cellules, elle fit convenir les mères et les sœurs, avec des paroles charmantes qui lui gagnèrent tous les cœurs, qu'il y avait bien de choses au-delà du nécessaire et dont on pouvait se passer.

Enfin elle résolut de parler en public sur les vertus que doit avoir une Carmélite. Ayant donc réuni toute la Communauté qui se rendit à ses désirs, elle parla long-temps de son indignité et de son incapacité pour l'emploi qu'elle venait exercer, se reconnut indigne de baiser la terre foulée par ses sœurs ; puis elle parla de sa confiance en Dieu, de qui seul elle attendait tout ; enfin elle parla avec tant de chaleur sur l'humilité, la pénitence, l'esprit de sacrifice ; Dieu donna une telle force à ses paroles, qu'à la suite de cet entretien, les sœurs, touchées et vivement pénétrées de ce qu'elles avaient entendu, allèrent chercher dans leurs cellules et vinrent déposer à ses pieds tout ce qui pouvait être contraire au vœu de pauvreté. Ainsi Dieu commençait à lui faire goûter les fruits de son travail et de ses peines. Quelle dut être son admiration pour la docilité de tant de religieuses anciennes qui se rendaient aisément à ses conseils, et étaient si bien disposées à faire les plus grands sacrifices. Comme ses heureux commencemens durent combler ses espérances.

Ce ne fut pas là le seul fruit de son allocution : la Communauté qui venait de l'apprécier l'élut et la reçut Prieure à l'unanimité. Monseigneur l'Evêque voulut faire lui-même la cérémonie de l'installation, et donna à la jeune Prieure les pouvoirs les étendus, l'encouragea à poursuivre son œuvre et la soutint toujours de toute son autorité. Le démon fera bientôt des efforts pour arrêter le bien qui commence ;

mais l'humilité et la confiance en Dieu l'emporteront à la fin.

Les obstacles qu'elle rencontra pour rendre les parloirs peu fréquentés lui causèrent bien de peines auxquelles vinrent se joindre des contrariétés de tous genres. Quelquefois elle aurait pu croire qu'il fallait désespérer du succès ; mais jamais ni la prudence, ni le courage ne lui manquèrent. Elle agissait, elle parlait, elle saisissait le moment favorable et faisait comme si tout avait dépendu d'elle ; en même temps elle comptait si peu sur ses travaux et ses peines, qu'elle n'attendait rien que de Dieu. Elle craignait encore d'être un obstacle à ses desseins. Elle agissait si bien par l'inspiration de Dieu, ou Dieu agissait si visiblement par elle, qu'on a remarqué que toutes les fois qu'elle sacrifiait son sentiment à celui des autres, les choses tournaient mal et il fallait y revenir.

Sa tranquillité fut troublée dans la suite encore plus que dans le commencement : plusieurs personnes lui étaient constamment opposées. Il y eut un moment où elle ne recevait qu'humiliations de toutes parts. Pendant ce même temps elle éprouvait des peines et des amertumes intérieures, en sorte que la croix lui venait du dedans aussi bien que du dehors ; mais ni son courage, ni la confiance en Dieu, ni son amour pour Jésus ne l'abandonnèrent; afin d'entrer dans les desseins de Dieu qui la crucifiaient, elle s'offrit à lui de nouveau comme une victime, afin d'attirer sa miséricorde et ses bénédictions sur la Communauté.

Elle quitta la cellule où on l'avait placée à son arrivée, et alla se confiner dans un petit cabinet sous la toiture. La fenêtre en était très-étroite, et elle endurait une chaleur excessive. A l'exemple de saint Jean-de-la-Croix, elle passait la plus grande partie des nuits devant le Saint-Sacrement, et ne s'accordait qu'une ou deux heures de sommeil, tantôt sur la paille durcie, tantôt sur des planches, sans jamais quitter ses habits. Elle mangeait si peu qu'on se demandait comment elle pouvait vivre: cependant elle n'en était pas moins bien portante, et ses privations donnaient même à son regard doux et humble quelque chose de céleste. Jamais elle ne s'approchait du feu, quelle que fût la rigueur du froid. Ses austérités n'étaient que pour elle; quant aux autres, malades ou bien portantes, elle les soignait avec une attention et une charité admirables.

Enfin, Dieu se laissant fléchir à force de prières, de larmes et de pénitences, bénit ses travaux, lui envoie des postulantes qui persévèrent dans leur vocation; les obstacles s'aplanissent; les esprits se rangent à l'amour de la règle; le silence règne dans toute la maison; chacun se félicite de l'heureux changement opéré en si peu de temps; Dieu est glorifié plus que jamais par ses épouses. Une des mères anciennes à qui il en avait beaucoup coûté pour rentrer dans cette perfection de son état, quoiqu'elle l'eût désiré, fut attaquée d'une maladie dont elle mourut. L'infirmière qui la soignait, la vit pendant une nuit environnée d'une grande lumière, et un ange tenait une couronne suspendue sur sa tête, comme pour récompenser ses longs sacrifices.

CHAPITRE VII.

La sœur Augustine tombe malade. — Différentes suites de sa maladie.

La mère Augustine était destinée à souffrir et à passer continuellement d'une peine à une autre. Elle venait de retrouver les joies intérieures et la bienveillance sensible de son divin époux, en même temps qu'elle voyait l'ordre, la régularité et le bonheur régner dans sa maison; mais voilà qu'une maladie vient la surprendre; elle crache le sang, souffre de violens maux de cœur, dépérit, et n'est plus capable d'aucune occupation; son esprit toujours pénitent ne souffre qu'avec peine qu'on lui procure quelque soulagement. On espérait toujours que le mal diminuerait ; mais il allait toujours croissant ; et comme aucun remède ne l'arrêtait, elle crut qu'il était de son devoir de faire part de son état de souffrance à ses supérieures de Montauban, qui furent sensiblement affligées à cette nouvelle, car elles avaient pour elle une grande tendresse. Elles lui ordonnèrent de renoncer entièrement à toute occupation et à toute sollicitude ; de vivre dans un repos entier, jusqu'à ce que Dieu fît naître une occasion de la ramener à Montauban, où elles espéraient que leurs tendres soins et la tranquillité d'esprit rétabliraient sa santé.

La sœur Augustine obéit ponctuellement aux ordres qu'elle avait reçus, mais ne parla point à ses sœurs de son prochain départ. Cependant toute la Communauté de Montauban, à qui elle était si chère, tremblait pour sa vie, priait Dieu avec ardeur de la conserver et de hâter son retour. Un mois se passa dans cette pénible incertitude. Enfin on reçut la nouvelle de son départ avec un vénérable prélat qui la conduisait dans sa voiture jusqu'à Cahors. Il est inutile de dire combien le saint Archevêque d'Albi fut édifié pendant le voyage de la vie pénitente, de la modestie, de l'humilité et de la sagesse de la mère Augustine. En entrant dans les hôtelleries où l'on passait les nuits, elle voulut en quelque sorte garder la clôture, et pria Monseigneur de la fermer à clef dans sa chambre, ce qu'il avait la bonté de faire. Il fut si touché de toutes les vertus qu'il admira dans la sœur Augustine, qui n'avait alors que vingt-six ans, que dans une visite qu'il fit à la Prieure de Montauban, il en parlait avec admiration, et la pria de la lui réserver pour Prieure d'une fondation qu'il se proposait de faire dans sa ville archiépiscopale. Mais ce saint vieillard alla recevoir sa récompense dans le ciel avant d'avoir pu exécuter son projet.

Arrivée à Cahors, elle descendit chez les Carmélites, où elle se reposa quelques jours des fatigues du voyage. La Prieure de cette maison avait été sa compagne de noviciat, et l'on peut dire son émule en amour de Dieu. On peut juger quel aimable accueil on lui fit, et quel fut leur bonheur mutuel de se revoir. On prépara à la sœur Augustine un repas un peu plus délicat qu'à l'ordinaire, tant à raison du voyage, que parce qu'elle était souffrante. Elle accepta tout ce qu'on lui offrit; mais on comprit aisément qu'elle ne cherchait qu'à couvrir d'un voile sa mortification habituelle.

Quand on apprit qu'elle était aussi près de Montauban, on lui écrivit de s'y rendre aussitôt que sa santé le lui permettrait. Elle partit bientôt, et arriva. Le plaisir de se retrouver dans son premier asile lui causa une impression si douce et si vive, qu'elle tomba sans connaissance. On avait beau se désoler autour d'elle, elle restait sans sentiment; et quand elle sortit de cet état, il lui fallut du temps pour croire qu'elle était bien réellement dans le couvent qu'elle avait tant aimé. Ce fut un moment bien touchant que celui où, revenue à elle-même, ses compagnes et ses novices purent manifester toute la joie qu'elles éprouvaient de la revoir. On la conduisit à l'infirmerie où elle reçut les soins les plus tendres, et l'on fit des prières pour son rétablissement; mais avec peu d'espérance, parce que le médecin la trouvait très-gravement malade.

On voulut savoir comment elle s'était séparée de la Communauté de Limoges. « Depuis quelques jours, dit-elle, j'avais prévenu les mères anciennes que le pauvre état de ma santé vous avait portées à me rappeler; seulement je les priai de n'en rien dire. Nous étions loin, elles comme moi, de nous attendre que le départ serait si prochain : Monseigneur d'Albi me fit dire subitement qu'il m'offrait sa voiture jusqu'à Cahors, et je crus devoir en profiter; je n'eus pas même le temps de prévenir ni de consoler mes pauvres novices, et je partis avec mon seul bréviaire. »

A peine était-elle arrivée, qu'elle reçut une longue lettre de toutes les sœurs de Limoges, qui lui exprimaient en termes les plus touchans le regret et même la désolation que leur avait causés son départ, et qui la conjuraient de demeurer toujours leur Prieure, de revenir aussitôt que sa santé serait remise, de les diriger, en attendant, par lettres, avec promesse de lui obéir de loin aussi bien que de près. Elle tâcha de les consoler dans sa réponse, leur promit de ne jamais les oublier devant Dieu; mais ne leur dissimula pas que son état de maladie lui ôtait à-peu-près toute espérance de reprendre ses fonctions, et déclara qu'elle ne pourrait pas les diriger par lettres.

Elle parlait, elle écrivait ainsi; mais malgré elle une voix intérieure lui disait sans cesse qu'elle retournerait à Limoges : ce qui ne contribuait pas peu à entretenir sa maladie qui dura plus d'un an. Mais pendant six mois surtout, elle fut constamment si près de la mort, qu'on désespérait de son rétablissement. Environ six mois après son retour à Montauban, sainte Thérèse lui apparut, et lui dit clairement : Vous retournerez à Limoges. Cette parole attrista beaucoup la mère Augustine qui représenta son impuissance pour faire le bien, et sa grande répugnance pour le gouvernement; mais sainte Thérèse lui dit une seconde fois : Vous irez à Limoges achever ce que vous n'avez fait que commencer.

Quelques mois après cette vision, qu'elle eut

grand soin de tenir secrète, on apprit la mort de la Prieure de Limoges, qui avait été mise à sa place; et un mois après cette nouvelle, on vit passer à Montauban la sœur Saint-Jean, de Pamiers, qui allait à Limoges occuper la place de Prieure, amenant avec elle deux jeunes sœurs, et conduite par le même supérieur qui était venu chercher la sœur Augustine. Le même jour, la mère Augustine dit à la Prieure de Montauban, avec qui elle s'entretenait: « Eh bien, qu'elles aillent à Limoges! qu'elles partent! elles peuvent aller et venir; je sais bien que néanmoins il m'y faudra retourner. — Comment, lui dit la mère Sainte-Fleur un peu fâchée, me tenez-vous ce langage? Vous avez donc oublié dans quel état vous étiez quand vous êtes revenue, et le pauvre état de santé dans lequel vous êtes encore. — Oui, ma mère, je sais tout cela; mais je sais bien aussi qu'il m'y faudra retourner pour réparer ce que j'ai gâté, et pour y faire pénitence ». La mère Sainte-Fleur la pria de ne plus lui parler de cela, parce qu'elle voulait la garder; mais elle n'oublia pas ce que lui avait dit la sœur Augustine. Il y avait d'autant moins d'apparence qu'elle retournât à Limoges, que non-seulement elle était encore bien malade, mais encore la sœur Saint-Jean allait y occuper la place de Prieure. Au mois de novembre 1828, la sœur Augustine à-peu-près rétablie, fut nommée Sous-Prieure à Montauban, à cause de l'estime singulière qu'on faisait de sa vertu.

Elle continuait de vivre en Dieu et comme étrangère sur la terre, ayant fréquemment des colloques avec son divin époux ou avec quelque saint, la nuit comme le jour. Dans ces colloques elle parlait assez haut pour être entendue ; on prenait plaisir à l'écouter ; mais, chose bien singulière, elle ne s'entendait pas elle-même des oreilles du corps ; et voici comment on le sut. La mère Prieure l'invita un jour à ne plus parler haut la nuit, parce qu'elle troublait le sommeil d'une sœur âgée et malade. A ce reproche indirect la sœur Augustine se prosterna contre terre, et dit : « Je ne savais pas que je parlais tout haut, je ne le sentais pas, mais je tâcherai d'y prendre garde et de me corriger. » Cependant la nuit suivante elle parla comme de coutume, et l'on prit le parti de lui donner une autre cellule et de la laisser faire.

Un jour qu'elle était demeurée dans sa cellule pendant l'oraison du soir qui se faisait depuis cinq heures jusqu'à six, la sœur infirmière passant devant la porte l'entendit s'écrier avec un accent enflammé : « O amour ! ô amour ! je vous entends. » Ces paroles et le feu avec lequel elles étaient prononcées excitèrent sa curiosité, qui ne put être satisfaite. La mère Augustine fut saisie d'une douleur si aiguë qu'elle semblait être réduite à l'agonie; ses exclamations, ses soupirs étaient si pénétrans, que l'infirmière compatissante en ressentait l'amertume et était presque aussi douloureusement affectée que la mère Augustine. Dailleurs elle n'entendait rien à cet entretien qui se faisait à mots entrecoupés; seulement elle comprit que la mère Augustine cessa un moment de parler avec Notre-Seigneur, pour s'adresser à un autre objet qui lui faisait horreur; qu'ensuite elle parut avoir consenti un grand sacrifice que Notre-Seigneur lui demandait, puisqu'elle s'adressa tantôt à saint Pierre, tantôt à sainte Magdelaine; qu'enfin elle reprit son colloque avec Notre-Seigneur, mais il se faisait en latin; en sorte que la sœur infirmière n'apprit qu'une seule chose: c'est que la mère Augustine comprenait le latin, bien qu'elle ne l'eût jamais étudié.

Il paraît qu'elle était souvent favorisée de grâces extraordinaires. En voici une qu'elle crut devoir communiquer à l'une de ses sœurs; c'est elle qui parle: « Notre-Seigneur m'apparut, dit-elle (environ deux ans après l'apparition de sainte Thérèse), et me commanda de retourner à Limoges, lorsque j'y serais rappelée. Hé quoi, mon Dieu, lui dis-je, oubliez-vous combien je vous y ai mal servi? Ne le voyant pas disposé à faire cas de cette raison, et comprenant par sa réponse qu'il demandait de moi plus d'humilité et d'abandon, je me rejettai sur les combats que me livrèrent les ennemis de notre salut. Rappelez-vous, lui dis-je, ô mon Dieu, mon amour; rappelez-vous les longs combats que j'ai eus a soutenir contre les démons eux-mêmes... Au seul souvenir vous m'en voyez encore troublée et toute tremblante. —Hé bien ! pour vous rassurer et vous fortifier contre vos frayeurs et vos craintes, je veux, dit Jésus, qu'ils paraissent tous devant vous. Au même instant tous les démons furent devant elle. Voici ceux que tu redoutes, regarde-les, ma fille, examine-les bien; juge par toi-même s'ils sont assez puissans pour faire trembler ceux qui m'aiment. —En effet, je les vis si bas, si rampans, que je ne concevais pas comment je pouvais en avoir eu tant de peur. Notre-Seigneur jouissant de ma surprise, les voyant si confus et tels que je viens de le dire, me dit avec une bonté dont la tendre impression ne s'effacera jamais de mon cœur : — A présent, que crains-tu d'eux ?—Rien, rien mon doux Sauveur : par votre grâce, je me sens forte et supérieure à toutes les ruses de leur rage, pourvu que votre droite ne me soit jamais ôtée par mes péchés ; me voici soumise à votre divine volonté, et prêté à l'accomplir quand il vous plaira. » Elle avoua aussi qu'elle avait reçu de Dieu même l'intelligence du latin. On lit dans la vie de sainte

Thérèse qu'elle avait reçu la même grâce, qui lui était utile pour expliquer à ses filles les passages les plus intéressans de l'Ecriture-Sainte.

Ce fut vers ce temps que la Communauté de Limoges sollicita de nouveau la sœur Augustine pour Prieure en remplacement de la sœur Saint-Jean qui était repartie et rentrée dans sa Communauté. La mère Sainte-Fleur répondit sans rien dire à la sœur Augustine, qu'il ne fallait pas compter sur elle, qu'il y aurait de l'imprudence à lui imposer de nouveau un si grand fardeau, vu le délabrement de sa santé. Toutefois la maison de Limoges allait dépérissant : toutes les mères anciennes étaient mortes, si ce n'est la sœur Henriette, sourde et presque aveugle. Les postulantes, les novices, les jeunes professes, affligées de se voir sans mère Prieure, étaient sur le point de prendre le parti désespéré de se disperser dans différentes Communautés de leur ordre ; mais ce n'était pas sans répandre beaucoup de larmes. Monseigneur l'Evêque partageait leur affliction et voulait que l'on cherchât une Prieure dans quelqu'autre Communauté, puisque la sœur Augustine n'était plus en état d'occuper cette place. Mais une des novices professes prenant la parole, dit avec beaucoup de fermeté, que la sœur Augustine reviendrait et qu'elle en avait l'assurance. Monseigneur prit alors la peine d'écrire lui-même pour redemander la sœur Augustine ; et la mère Sainte-Fleur craignant d'aller contre la volonté de Dieu, fit part de cette lettre à la sœur Augustine, et lui demanda si elle ne se sentirait pas la force de retourner à Limoges. Celle-ci accepta, sans rien dire en quelque sorte de la mission surnaturelle qu'elle avait reçue, parce que, en digne fille de sainte Thérèse, elle se conduisait plutôt par l'obéissance que par les révélations. Elle éprouva même quelque plaisir en apprenant qu'elle allait repartir, parce qu'elle voyait par là que c'était bien Dieu lui-même qui lui avait parlé et non pas l'esprit des ténèbres. On donna avis de son prochain départ à Monseigneur, qui se réjouit avec toute la communauté de Limoges de l'heureux succès de sa démarche.

Elle partit donc avec une Sous-Prieure, une professe, une sœur du voile blanc et un pieux laïque, M. Hervy (*), qui leur procura en route tout ce qui pourrait rendre le voyage agréable et même le sanctifier. Tous les jours elle entendait la sainte Messe et faisait la communion. Son extérieur recueilli, humble et modeste édifiait tous ceux qui avaient occasion de la voir. Le dernier jour du voyage elle fut conviée par un bon curé, de la main de qui elle avait reçu le matin la sainte commu-

(*) Il était séculier.

nion, et il fit tant d'instances qu'elle crut devoir accepter une hospitalité offerte de si bonne grâce.

Enfin elle arriva par un beau temps à Limoges, au mois d'octobre 1830. On ne saurait dépeindre la joie que son arrivée fit éclater dans toute la maison. Le lendemain, Monseigneur l'honora de sa visite, confirma sa nomination de Prieure qui était déjà faite, donna à comprendre combien il éprouvait de consolations dans l'espérance que cette maison qui avait tant souffert, allait enfin se consolider et reprendre son ancienne régularité.

En effet, toutes les sœurs qui composaient cette maison étaient animées du désir de bien faire, et se portaient comme d'elles-mêmes à tout ce qu'il y a de plus parfait. La mère Augustine ne voyait pas sans une grande consolation des dispositions si heureuses ; cependant, pour attirer davantage les bénédictions du ciel sur le troupeau confié à ses soins, elle reprend une partie de ses pénitences, quoiqu'avec modération, parce qu'on lui avait fortement recommandé de se ménager et de ne pas se mettre une seconde fois dans l'impuissance de remplir son emploi. N'osant donc plus se martyriser elle-même pour se conformer à l'obéissance, voici comment elle s'en dédommage, et comment elle parle à son divin Epoux : « Il est vrai, ô mon amour, que j'ai abusé de mes forces et de vos biens en mêlant à vos croix celle de ma propre volonté ; mais si, par une juste punition, il m'est défendu d'ajouter présentement à votre voie de crucifiement, comme par le passé, suppléez-y, ô mon Dieu, en comblant le reste de mes jours de peines plus rudes et plus cuisantes encore à la nature : car je désire, à votre imitation, aller au ciel par le plus droit chemin, vous suivre sur le Calvaire, et, après une vie autant que possible conforme à la votre, y mourir à vos pieds ; mais y mourir à l'âge où vous remîtes votre ame et votre esprit entre les mains de votre Père céleste, lorsque vous expirâtes pour le glorifier en sa justice, brûlé de la soif ardente du salut de tout le genre humain, et moi, pur néant, consumé de la soif de vous donner des ames au prix des humiliations et des maux les plus cuisans. Bonté ineffable, écoutez, écoutez ma prière ; ô Sauveur de mon ame, soyez-y propice. D'ailleurs souvenez-vous, ô ma vie, que vous m'avez agréée pour victime ; et de plus encore, je me suis donnée à vous en holocauste ; je vous le réitère aujourd'hui ce parfait sacrifice de moi-même pour les intérêts de votre perpétuelle gloire dans cette Communauté ; je vous le réitère pour qu'à jamais vous la bénissiez, la souteniez et l'affermissiez sous l'ombre de vos aîles paternelles, afin que jamais plus elle ne chancelle. Exaucez-moi à cause de vous, prenez votre cause en main, gouvernez par la plus vile de vos créatures, si vous le voulez selon l'ordre naturel, mais gouvernez entièrement vous-même; je promets de vous suivre dans la plus parfaite dépendance, et je serai toujours fidèle à vos inspirations, éclairée de votre divine lumière, environnée des secours qu'il vous plaira de m'accorder, pourvu que je vous trouve toujours, car ce n'est que vous je cherche. »

Son désir sera exaucé bientôt, il lui sera donné de marcher dans la voie des humiliations; la soif qu'elle éprouve de souffrir aura de quoi se satisfaire; son mérite sera méconnu de ceux qui la verront de plus près; la seule chose qui lui restera, c'est son humilité qu'on ne cessera de reconnaître, elle lui sera de quelque consolation au milieu de ses grandes épreuves.

CHAPITRE VIII.

Elle dirige les Novices, — institue la *Congrégation des Amans de la Croix*, — donne le voile noir à une Novice en faveur de qui elle se démet de sa charge, et Dieu la livre à de nouvelles épreuves.

La mère Augustine dirigeait ses filles comme elle avait été dirigée elle-même dans les voies de la plus entière perfection, selon la règle de sainte Thérèse, vie d'immolation et de croix. Tel était le mode unique de son gouvernement.

Non contente de faire aimer Jésus crucifié dans l'intérieur de son monastère, elle conçoit le projet d'établir dans la ville une Congrégation dite des *Amans de la Croix*, où l'on ne devait recevoir que ceux qui étaient ou qui voulaient devenir les vrais amis de la Croix. Elle en soumet les statuts à Monseigneur l'Evêque qui les examine, les perfectionne et se déclare lui-même le premier confrère des amans de la Croix. Son premier grand-vicaire veut en être le second, et devient le supérieur de cette Congrégation naissante, qui ainsi soutenue se répand avec rapidité dans la ville et dans la campagne, et se propage au loin. La sœur Augustine éprouvait une joie indicible de voir que l'amour de Jésus-Christ allait de la sorte gagner et enflammer tant de cœurs. Ainsi une seule fille opère les plus grandes choses, parce que la grâce de Dieu était avec elle.

Elle comptait parmi ses novices une sœur qui, à l'âge de vingt ans, étant entrée chez les Religieuses de la Miséricorde, à Limoges, y était demeurée neuf ans, après lesquels aspirant à une plus grande perfection, elle était entrée chez les Carmélites. Le temps de son noviciat pendant lequel elle avait donné l'exemple de toutes les vertus étant achevé, elle fut admise à prononcer ses vœux. Comme elle avait l'estime générale, on la recevait avec joie et l'on attendait avec empressement le jour de sa profession. La cérémonie s'en fit au Chapitre, selon les usages; pendant qu'elle avait les mains dans celles de la mère Prieure, elle eut le bonheur de voir sainte Thérèse elle-même, accompagnée de plusieurs de ses filles bienheureuses, qui vint présider la cérémonie et recevoir les vœux de la novice. Cette apparition de sainte Thérèse ne fut pas pour la novice toute seule : plusieurs sœurs ont déclaré l'avoir vue de leurs propres yeux. La mère Augustine, qui ne voyait rien et ne savait point ce qui se passait, voulut parler avant les vœux, mais elle en fut empêchée par une puissance invisible ; elle essaya encore de parler après les vœux, mais elle en fut encore empêchée. Tout cela lui paraissait fort extraordinaire ; elle interrogea la novice après la cérémonie pour savoir ce qui s'était passé en elle pendant qu'elle prononçait les vœux. La nouvelle professe lui dit ingénument ce qu'elle avait vu, et la mère Augustine se confirma dans un projet qu'elle avait formé, celui de se démettre de sa charge en faveur de cette même sœur, à laquelle on avait donné le nom de sœur Magdelaine du Calvaire. Ne portant qu'avec peine le fardeau du gouvernement, elle avait demandé plusieurs fois d'en être déchargée, et n'aspirait depuis son enfance qu'à vivre dans l'oubli, méprisée et crucifiée.

Les supérieures, pressées par ses vives instances, lui accordèrent non pas de se démettre de son emploi, mais quarante jours de repos qu'elle consacra à la retraite, à la pénitence et à la prière, afin d'attirer sur elle et sur sa Communauté de nouvelles bénédictions, et afin surtout d'obtenir de Dieu qu'une autre Prieure fut nommée à sa place. Elle avait aussi un autre désir : c'était celui de passer le reste de sa vie sur la croix, et de mourir à l'âge de 33 ans comme son divin époux.

Toujours persuadée qu'elle n'était propre qu'à tout gâter, elle pensait plus que jamais à se démettre de sa charge, et à nommer la sœur Magdelaine du Calvaire, en qui elle croyait voir toutes les qualités d'une bonne Prieure. Elle adressa donc une supplique à Monseigneur l'Evêque, qui prit des informations sur sa manière de diriger la Communauté, et la supplique n'eut point d'effet. Quelque temps après elle en fit une seconde où elle donnait d'autres raisons qui fixèrent d'avantage l'attention ; elle conçut alors quelque espérance, et prévint la sœur Magdelaine de l'intention qu'elle avait de se démettre, et de la faire nommer Prieure. Il y eut entre elles un combat d'humilité d'autant plus édifiant, que leurs sentimens étaient plus sincères. Les supérieures crurent devoir différer encore quelque temps; cependant elles se rendirent à la fin. Mònseigneur l'Evêque, accompagné de son grand-vicaire, se présenta à la grille pour annoncer que les démissions présentées par la Prieure et la Sous-Prieure étaient acceptées, et qu'il fallait procéder à de nouvelles élections. Il se fit un silence profond et religieux ; et au milieu de ce silence, Monseigneur proclama Prieure de la Communauté la sœur Magdelaine du Calvaire, et pour Sous-Prieure la mère Augustine de Saint-Elie. Tous les cœurs furent satisfaits de l'heureux choix qu'on venait de faire; on en rendit à Dieu de sincères actions de grâce. Ce fut un jour de fête et de bonheur pour toutes les sœurs, excepté pour la sœur Magdelaine qui se croyait chargée d'un fardeau au-dessus de ses forces, et pour la sœur Augustine qui n'avait obtenu qu'à demi ce qu'elle désirait, outre que Dieu lui réservait encore de nouvelles épreuves.

CHAPITRE IX.

Nouvelles épreuves de la sœur Augustine; elle part de Limoges.

Placée de nouveau sous le joug de l'obéissance, elle parut comme la plus docile et la plus humble des novices. Un jour qu'elle demandait à la Prieure la permission d'entreprendre un autre ouvrage, parce qu'elle avait trop d'attrait pour celui qu'elle faisait, la mère Prieure ne lui répondit que par un refus, afin de satisfaire l'inclination qu'elle avait d'être humiliée, et ce refus lui causa une joie intérieure qui se manifesta sensiblement dans tous les traits de son visage. On aurait cru qu'en elle la nature n'existait plus ; son silence, sa vie recueillie, son amour de la solitude, sa fidélité à toutes les pratiques, tout en elle répand la bonne odeur de Jésus-Christ. Sa prière n'a d'autre objet que la gloire de Dieu, la prospérité du monastère, et surtout la perfection de celles qui l'habitent. Ses pensées, ses désirs, ses paroles, ses actions, sont en tout conformes à ceux de son divin époux, auquel elle s'identifie par une union si parfaite.

Cependant le démon voulant troubler la paix intérieure de son ame, lui prépare de rudes combats; il lui suscite des craintes sur son salut, des inquiétudes sur sa vie passée, des tentations violentes. Dieu même lui retire le sentiment de sa présence et de sa grâce; mais elle demeure ferme dans la foi et dans l'humilité. On a vu plusieurs fois la mère Prieure sortir pour elle de sa douceur ordinaire, la reprendre en pleine Communauté d'une manière si forte, qu'on ne pouvait s'expliquer cette conduite que dans la pensée que Dieu permettait qu'on traitât ainsi son humble servante, afin de l'abaisser davantage, et de donner aux autres le modèle le plus parfait de l'humilité. Dans ces occasions elle se montrait heureuse, reconnaissante et plus affable que jamais. La mère Prieure a même avoué que quand elle la reprenait avec tant de sévérité, elle était comme poussée par une force inconnue et un mouvement intérieur qu'elle ne pouvait vaincre. Il y eut un moment bien pénible pour cette ame forte et courageuse : une opposition générale se forma contre elle ; on disait qu'elle était outrée, inconsidérée, extrême en tout. Les divers états de son ame étaient regardés comme des illusions ; on la priva d'une partie de ses communions ; elle n'avait plus les mêmes consolations intérieures ; son ame était plongée dans l'obscurité et dans la désolation. Son confesseur était le seul qui la consolât en particulier, et la défendît en public. Ainsi Dieu exauçait sa prière, et lui faisait partager ses délaissemens et l'amertume de son calice.

La mission de la mère Augustine était terminée à Limoges, l'œuvre pour laquelle Dieu l'y avait envoyée était consommée ; cette Communauté, suffisamment pourvue de sujets, pouvait se suffire à elle-même. On le savait à Montauban, où les besoins étaient devenus plus grands par suite de nouvelles fondations. On y prit donc la détermination de rappeler la mère Augustine et les autres sœurs parties avec elle. Monseigneur ayant assemblé toute la Communauté au parloir, annonça lui-même cette nouvelle qui fit répandre beaucoup de larmes, et principalement à la mère Magdelaine. Elles partirent bientôt avec M. Henry, qui les accompagna jusqu'à Cahors. La mère Augustine reprit ses communions de tous les jours pendant le voyage, ce qui fut pour elle une bien grande consolation. Elle quitta bientôt Cahors, malgré les instances qu'on fit pour l'engager à prolonger son séjour, et arriva à Montauban, où le plaisir de revoir ses anciennes compagnes, la liberté d'esprit et les soins empressés qu'elle reçut, rétablirent un peu sa santé. Les sœurs espéraient la garder toujours et jouir long-temps de ses entretiens et de ses exemples de douceur, d'aménité et de simplicité; mais les supérieures qui la voyaient assez bien portante, conçurent l'espoir qu'elle pourrait bien se rendre aux désirs de la Communauté de Lectoure qui la sollicitait avec instance. Quant à elle, tranquille sur son avenir, elle attendait paisiblement que Dieu manifestât sa volonté, sans rien craindre et sans rien désirer que de souffrir encore pour sa gloire, et de mourir crucifiée comme lui, à l'âge même où il est mort.

Cependant on continuait de l'appeler à Lectoure; on faisait de vives instances dans la crainte qu'elle ne reçût une autre destination. La prieure de cette Communauté avait été novice sous la mère Augustine, avait appris à apprécier son mérite, et en avait parlé si avantageusement, que toutes les sœurs la désiraient autant qu'elle. On en fait la proposition à la mère Augustine, qui l'accepte avec sa docilité et son affabilité ordinaires. On lui fit promettre de ménager ses forces et même de revenir, si elle ne se trouvait pas bien : elle le promit également.

CHAPITRE X.

Son départ pour Lectoure; on veut la retenir à Agen. — Elle recouvre la liberté de son esprit.

La mère Augustine se mit en route avec une postulante et un ecclésiastique respectable, qui eut l'obligeance de les accompagner jusqu'à Agen, et qui ne pouvait assez répéter, à son retour, combien il avait été édifié, pendant le voyage, des exemples qu'il avait vus dans la sœur Augustine, dont il ne parlait que comme d'une sainte.

Quand elle fut arrivée à Agen, où sa réputation de sainteté l'avait précédée, on fut si édifié de toute sa conduite, qu'on voulut la garder; et quoique les usages défendent de détourner une sœur de sa destination, on écrivit à Montauban une lettre dans laquelle on la demandait pour maîtresse des novices. Ignorant cette démarche, elle écrivait, de son côté, une longue lettre pour annoncer le merveilleux changement qui venait de s'opérer dans ses facultés intellectuelles. Cette lettre, même fort étendue, en était une preuve; car, jusque-là, elle était incapable d'écrire deux lignes. La demande des sœurs d'Agen ne fut point accueillie à Montauban, et l'on répondit que la mère Augustine devait partir de suite pour la destination où elle était attendue. Elle part au grand regret de la Communauté d'Agen, et arriva à Lectoure.

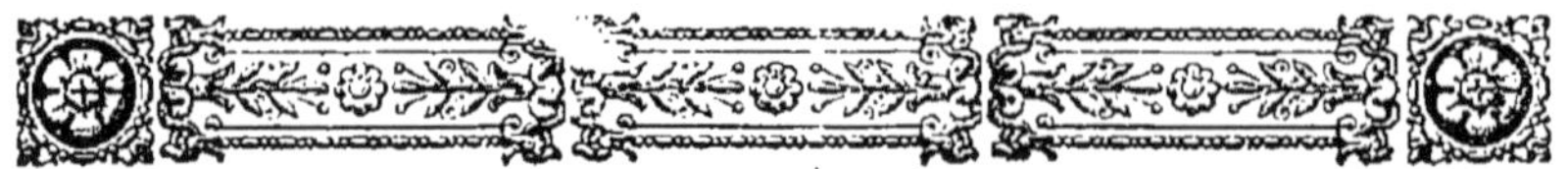

CHAPITRE XI.

Sa vie pénitente à Lectoure. — Elle tombe malade deux ans après son arrivée.

La sœur Augustine porta à Lectoure l'édification et la joie. Voici ce qu'écrivait la Prieure de cette Communauté, aux Mères de Montauban, quelques semaines après l'arrivée de la sœur Augustine.

« Mes Très-Révérendes Mères,

« Je ne puis vous taire, les sentimens dont mon cœur est rempli, de me voir en possessiond'un trésor précieux que la digne mère Augustine de Saint-Elie : heureuses les maisons et les villes qui possèdent de telles ames ! Il faudrait le langage et la pureté d'un ange pour dépeindre l'assemblage des hautes vertus dont cette mère nous rend les témoins : on ne peut guère distinguer la vertu qui la caractérise le plus ; elle les possède toutes dans une éminente perfection ; elle a un si grand amour pour la pauvreté, qu'il peut égaler en quelque sorte celui de notre père saint Jean de la Croix : en toutes choses, elle fait choix pour elle de ce qu'il y a de moindre et de plus rude, jusqu'à me prier avec instance de la laisser coucher sous un escalier, trouvant sa cellule trop commode et trop agréable, ce que je n'ai jamais voulu lui permettre. Son obéissance est prompte, simple et aveugle : le moindre signe de ses supérieures est pour elle la voix de Dieu même ; je pourrais dire que son obéissance va trop loin ; car elle m'oblige à m'observer beaucoup sur ce que j'ai à lui dire. Quant à son humilité, je crois, mes Révérendes Mères, qu'elle accomplit à la lettre, et dans toute la perfection possible au cœur humain, ce point de constitution qui n'est pas petit : *ains tout mépris de soi ;* ce qui lui fait porter le mépris qu'elle a d'elle-même jusqu'à l'horreur, cherchant toujours ce qui peut la rabaisser, la rendre vile, méprisable aux yeux de tout le monde ; et l'on peut dire avec vérité qu'elle achèterait à chers deniers les occasions de se faire mépriser, si Dieu les lui refusait.

« Elle peut vraiment dire, avec Jésus-Christ : Ma nourriture est de faire la volonté de mon Père ; mais j'ai encore une soif insatiable que je ne puis assouvir, de pâtir, d'être persécutée, d'être délaissée, abandonnée... Et plus je souffre, et plus mon désir de souffrir augmente ; je ne veux autre chose ici-bas : tout mon contentement est que Dieu se contente ; que les autres soient élevés, estimés, applaudis, recherchés et honorés ; pour moi, je ne veux que Dieu et sa croix.

« C'est ce qu'elle trouve, en effet, dans mon constant refus de satisfaire à ses désirs extrêmes, c'est-à-dire au-dessus de ses forces et qui la consument, de se mortifier et de faire pénitence. Ses désirs sont de passer une grande partie de la nuit au chœur, en oraison ; de se coucher toute habillée, d'autres fois sur une planche : c'est là, dit-elle, où je puis vaincre le sommeil ; de se nourrir des miettes qui tombent et du pain gâté que l'on réserve aux animaux ; s'il est quelque reste de nourriture que l'on ne puisse employer, elle le demande, parce qu'elle est, dit-elle, de bon appétit. Elle me prie de lui permettre d'y mêler de la cendre ou de l'absynthe, ce que je lui permets quelquefois à force d'importunité, mais rarement ; elle veut encore observer le jeûne de l'Eglise pendant toute l'année, mais d'une manière si rigoureuse, qu'elle diminue tous les jours une partie de ce qu'on lui sert, etc.

« Je conviens, mes Révérendes Mères, que dans le siècle où nous vivons, on aura de la peine à croire qu'il existe une telle ame; cependant je vous dis avec vérité que je vous en tais plus que je ne vous en fais connaître; car elle a un si grand amour pour la vie cachée et une adresse si merveilleuse pour se soustraire aux yeux humains, qu'il n'y a que Dieu seul qui puisse connaître l'abîme des biens qu'il renferme dans cette ame bénie.

« Mais je n'ai point encore parlé de ce qu'il y a de plus surprenant, et ce n'est pas le moindre objet de ce que peut renfermer ce petit aperçu. J'aurais dû commencer par là : trop d'émotion met du désordre dans mon récit. J'y reviens avec la grâce de Dieu.

« La mère Augustine, telle que je viens de vous la dépeindre (pourra-t-on le croire ?) à peine arrivée ici, s'est présentée se déclarant ma novice... Moi!.. qui fus la sienne, si dénuée, si pauvre malgré tant de sages instructions qu'elle m'a prodiguées! Il a fallu m'y soumettre pour seconder les grandes vues de perfection que Dieu a sur son ame : cette seule considération m'a déterminée en me touchant sensiblement; elle a recommencé son noviciat, et elle agit et se conduit en tout, autant que possible, avec la même soumission et la même dépendance que la plus humble novice. J'ignore le temps qu'elle veut le faire durer; au reste, quand elle en sortira je vous en ferai part. Je joins ici la copie d'un papier qui m'est tombé dans les mains et que je conserve précieusement, où elle a écrit ses résolutions de novice actuelle. Elle accomplit parfaitement tout ce qu'elle y promet. Elle est vraiment insatiable de perfection. Voici ses propres paroles: »

« Je ne parlerai que par charité ou par humilité; « je ne regarderai aucun objet inutilement, autant « que je le pourrai connaître; je rendrai à tout le « monde également tous les services qui dépendront « de moi; je ne perdrai pas une minute, sans toutefois « être jamais empressée; je ferai toutes mes actions de « mon mieux, quelque dégoût que j'éprouve; je me « renouvelerai dans l'esprit de silence, et pareille- « ment dans l'esprit de régularité; je ne m'entre- « tiendrai point à la récréation de ce dont nos saints « usages nous défendent de parler; je n'y élèverai « pas la voix par modestie, et je ne parlerai de moi « que le moins possible: le tout avec la grâce de « Dieu et par l'intercession de sa divine Mère. »

me demandant la grâce de ne la considérer que comme une novice, elle m'a demandé celle de lui laisser faire en sorte qu'elle ne puisse plus rien entendre, pas même la lecture d'une lettre, dans la crainte de donner dans son cœur, au souvenir des personnes qu'elle a quittées, la place de celui de de Dieu. Voilà jusqu'où va l'amour de cette fidèle épouse.

« J'aurais encore beaucoup de choses à vous dire de ce genre; mais j'en reste là pour venir aux remercîmens qu'il me tarde de vous faire, de nous avoir accordé cette précieuse Mère, dont la sainte conduite est aussi pour nous toutes un renouvellement de noviciat. Obtenez-nous la grâce, mes très-aimées Mères, d'être ses parfaites imitatrices. C'est dans ces désirs que je suis au pied de la Croix, mes très-révérendes Mères, votre indigne fille et servante.

LOUISE DE LA MISÉRICORDE, Prieure. »

Lettre de la même à nos Révérendes Mères.

« Mes Très-Révérendes Mères,

« Puisse la grâce de Dieu régner dans tous les cœurs! je viens accomplir ma promesse. Au bout de neuf mois du noviciat de ma fervente mère Augustine, je me suis sentie fortement inspirée de lui signifier qu'il était temps d'en sortir. Son regard et son sourire à ma proposition m'ont fait penser que

que j'étais d'accord avec ce qui s'était passé entre elle et son divin époux, savoir : que ce nombre de neuf mois était le terme convenu et destiné à honorer sa retraite de neuf mois cachés dans le sein de sa divine Mère. J'en ai conclu qu'il avait dessein en cela de la préparer aux grandes grâces de l'union la plus intime. Je ne m'étonne plus si cette généreuse amante de Jésus prenait tant de moyens pour s'éloigner, pour mourir à toute la nature, comme lorsqu'elle me priait de lui permettre de ne rien entendre, etc. Actuellement elle voudrait se bâtir une cellule dans une pauvre cabane que nous avons dans le jardin, pour y suivre son attrait pour la vie hérémitique, pour achever d'y mourir à tout ce qui n'est pas Dieu. Son amour pour la souffrance est un feu qui la dévore ; ses cris d'union au crucifiement de son divin époux ne cessent plus ; elle fuit tout ce qui peut donner le moindre soulagement à la nature ; son amour va jusqu'à supporter sans se plaindre la privation de la communion : effort de l'amour, où elle se prive momentanément de la possession du Dieu d'amour, par excès d'amour.

« Je veux, mes révérendes Mères, mettre sous vos yeux les sentimens qu'elle exprimait à un de ses supérieurs, et que nous avons fortuitement recueillis.

« Mon Très-Respectable Père,

« Ne sachant exprimer par mes paroles le désir « que Dieu me donne de me consumer à son service, « j'ai songé à écrire ces quelques lignes, afin de « me mieux faire entendre. Si j'éprouve un désir « aussi grand de faire pénitence, ce n'est point à « cause des remords de ma conscience, car une fois « que j'ai eu confessé mes fautes, Dieu est si bon, « qu'il m'a semblé les avoir oubliées; mais cette « grande générosité de Dieu, à mon égard, ne doit « pas être sans fruit, et il me semble qu'une géné- « rosité sans bornes doit produire une reconnais- « sance sans bornes dans l'ame qui en a été l'objet : « je désire donc offrir à Dieu un sacrifice de mon « être, qui ne cesse de brûler en sa présence, jus- « qu'à ce qu'il soit entièrement consumé; or, si je « cesse de souffrir, je cesserai de brûler; et il me « semble qu'il est temps d'exécuter les promesses « que je lui en ai faites si souvent, lorsque je me « présentais à lui pendant l'oraison, comme l'on « présente le bois au feu de l'holocauste; toutefois, « je ne me complaisais pas tant dans le bonheur de « la transformation, qui en est la suite, que dans « celui de me voir dépérir, et comme anéantie en « sa sainte présence et pour son saint amour. Je « vous prie, mon père, de vouloir bien me seconder

« dans cette résolution ; si vous connaissez que ce « soit la volonté de Dieu, veuillez me l'annoncer « sans ménagement : car l'amour qui fait porter la « croix, ne saurait souffrir qu'on lui cache la vo- « lonté de celui que l'on aime. Je sais bien que je « souffre de mauvaise grâce ; mais cette répugnance « n'est qu'à l'extérieur, et elle m'est très-utile pour « m'humilier. Quand je vois que je n'ai pas profité « de quelque occasion, cela m'anime à en désirer « une autre avec plus d'ardeur, et ma plus grande « punition est qu'elle ne se présente pas aussitôt que « je le voudrais. Il me semble que quelque pénitence « que vous me conseilliez, elle ne sera jamais trop « forte ; et ce qui me donne l'assurance de vous dire « ceci, c'est que je ne sens aucune force de moi- « même, et qu'elle est toute en Jésus-Christ et dans « la vertu de sa croix. Ce qui me fait croire que « c'est la volonté de Dieu que je me livre encore « plus à la pénitence, c'est que tout ce que votre « bonté a pu me dire pour m'en détourner, ainsi « que nos mères, a été comme le bois que l'on met « au feu pour l'entretenir, qui semble d'abord l'é- « teindre, et puis le rend plus ardent que jamais. « Enfin, je ne saurais vous exprimer le bonheur, « le profit et l'amour que je trouve dans la croix ; « c'est une source infinie de grâces ineffaçables : ne « me privez donc pas d'un si grand bien pour une

« si petite chose qu'est la santé ; il me semble qu'il
« m'est plus avantageux de vivre peu et de souffrir
« beaucoup, que de vivre long-temps et de souffrir
« peu, quoique je sois bien éloignée de désirer la
« mort ou d'être délivrée des misères de la vie. Le
« désir que j'ai de souffrir est d'autant plus violent
« que je viens d'endurer quelque chose ; alors il me
« semble qu'il n'y aura pas dans cette vie assez de
« peines pour rassasier la faim que j'en ai ; il me
« semble que ce qui me rend si lâche au service de
« Dieu, c'est de rester si long-temps sans croix. Oui,
« j'ai éprouvé que l'amour se fortifie plus en agis-
« sant qu'en se reposant ; il me semble que la vie
« n'est plus vie, s'il n'y a rien à souffrir pour l'amour
« et la gloire de mon Dieu. Tout ce que je vous dis,
« mon père, n'est pas pour obtenir quelque permis-
« sion forcée : car, malgré le violent désir que j'ai de
« faire pénitence, je n'aurais pas le courage de rien
« faire sans que vous me disiez que c'est la volonté
« de Dieu ; mais seulement pour faire voir mes dis-
« positions, afin que vous puissiez juger de ce que
« le bon Dieu demande de moi, et me l'ordonner
« sans aucune crainte, pour que je puisse lui dire à
« la fin de ma vie : J'ai achevé la tâche que vous
« m'avez donnée ; je vous aime de tout mon cœur,
« de toute mon ame, de toutes mes forces et de tout
« mon esprit. »

« Voilà en substance, mes révérendes Mères, le contenu de sa lettre, auquel nous pouvons ajouter sans témérité ces paroles de l'Apôtre saint Paul : « J'ai bien combattu, j'ai achevé ma course, il ne « me reste qu'à recevoir la couronne de l'immorta- « lité. » Elle voudrait vivre dans une retraite continuelle, n'avoir de rapport avec personne : ce que je n'ai pas voulu lui permettre. Puisse Dieu nous la conserver longues années ; mais elle vole avec tant de rapidité vers notre céleste patrie, que j'ai toujours peur qu'elle ne nous échappe et n'en revienne plus. »

CHAPITRE XII.

Dernière maladie de la sœur Augustine. — Sa mort.

Les craintes de la Supérieure de Lectoure n'étaient que trop fondées. Le désir qu'éprouve la sœur Augustine de vivre seule, dans l'isolement, séparée de tout, excepté de Dieu ; l'ardeur qui la pousse continuellement à être crucifiée avec son divin époux, son amour tout divin, tout annonce qu'elle touche à sa fin, ainsi qu'il en est de tout être arrivé à la perfection qui lui est propre et relative.

Peu de temps après elle fut attaquée d'une pleurésie qui dégénéra bientôt en affection de poitrine. Elle devait beaucoup souffrir ; cependant elle ne paraissait y faire aucune attention, tant elle avait soif, disait-elle, d'éprouver des douleurs qui en valussent la peine.

Cependant d'habiles médecins qui donnaient leurs soins à cette Communauté avec un rare désintéressement, la traitèrent si bien et si à propos, que se trouvant beaucoup mieux, elle dit à la mère Prieure : « A présent me voilà bien ; je n'ai plus qu'à reprendre des forces : je me sens le courage d'aller au chœur pour recevoir les cendres, et même de faire le Carême, si vous voulez le permettre. » La mère Prieure s'empressa de donner cette heureuse nouvelle à toute la Communauté, qui avait de grandes craintes sur les suites de cette maladie, et qui éprouva une bien douce joie en apprenant qu'elle conserverait encore une personne si chère et si édifiante. On se livra à l'espérance, on adressa à Dieu de bien sincères actions de grâce ; mais son heure était venue : elle retomba malade. Le mal reparut avec des symptômes plus alarmans ; elle se remit au lit, où elle demeura jusqu'à la destruction de son corps, qu'elle brûlait d'offrir à Dieu, de cet édifice presque déjà ruiné par les travaux, les austérités et les souffrances. On lui donnait les soins les plus charitables ; mais elle disait « qu'en mettant des bornes au désir que Dieu lui donnait de souffrir, on lui faisait endurer un martyre encore plus cruel. »

Dieu supplée cependant aux souffrances extérieures dont on la prive, par des souffrances intérieures si grandes, qu'on les peut comparer aux délaissemens de Jésus sur la croix; on l'entendait quelquefois proférer ces paroles : « Contentez-vous, mon Dieu; achevez, achevez votre œuvre! » On eut tout le loisir, pendant cette maladie, d'admirer son égalité d'humeur, sa douceur, sa patience, et même sa joie dans les plus rudes épreuves. Jamais elle ne laissa échapper une plainte : elle trouvait toujours au contraire que Dieu la ménageait et ne la faisait pas assez souffrir. Sa grande peine, c'est qu'elle donnait trop d'occupation à celle qui la soignait. Elle ne voulait pas qu'on la veillât la nuit, car elle avait toujours ressenti une grande charité pour les autres.

Son mal l'obligeait à se tenir assise dans une position génante. La Prieure lui ayant demandé si elle ne pourrait pas s'étendre un peu, aussitôt avec son obéissance ordinaire, quoiqu'elle en dût souffrir, elle s'étend comme si elle eût été bien portante. Son obéissance était telle, que les infirmières réfléchissaient bien avant de lui conseiller quelque chose, de peur d'augmenter ses souffrances. Elle avait le bonheur de communier souvent, et la communion la remplissait de force et de consolation. Elle désira recevoir les derniers secours de la religion, qui lui furent donnés par l'excellent curé de Lectoure,

Supérieur de la maison. Dès-lors au comble de ses désirs, elle ne se regarda plus que comme étrangère dans ce monde. Le mal empirait ; mais elle le supportait en silence, réjouie par l'espérance de la fin qui approchait. Quand on venait savoir de ses nouvelles : « Mes sœurs, disait-elle, c'est assez parlé de moi ; ne me parlez plus de souffrances, puisque la compassion les affaiblit ; ne parlons que du ciel. » Elle disait une autre fois : « Qu'il me tarde de boire la fin de mon calice : priez Dieu pour que je ne le désire pas trop, priez-le encore qu'il éloigne de moi toute pensée de guérison, parce que ce serait le vœu de la nature. »

Comme elle approchait de sa fin, le Supérieur de la Communauté venait souvent la consoler et l'encourager, avec sa bonté ordinaire, à consommer généreusement son sacrifice, comme elle l'avait commencé. « Mon père, lui dit-elle, quand vous voulez bien vous souvenir de moi, demandez à Dieu qu'il détruise en moi tout désir. — Vous dites quelquefois à Dieu qu'il vous a abandonnée. — J'ai commencé quelquefois ces paroles : jamais je n'ai pu les achever. Si Notre-Seigneur l'a dit à son père, c'est uniquement parce qu'il avait pris nos faiblesses. — Dites-lui : S'il est possible, Seigneur, que ce calice s'éloigne de moi ! — Ah ! mon père, rester encore ici-bas serait un calice plus amer que celui de mourir ! »

Elle craignait, en effet, que Dieu ne la laissât encore sur la terre; elle le disait quelquefois : « J'ai bien peur que Dieu ne me veuille pas encore, parce que je n'ai pas encore assez fait; mais il faut que je me mette à l'œuvre. »

Le Vendredi-Saint, cette amante de Jésus crucifié, plongée dans la méditation des souffrances de son époux, dit avec transport et les larmes aux yeux, en s'adressant à sa mère Prieure : « Ah! ma mère, si nous pouvions réunir tous les cœurs au pied de cette croix! si nous pouvions, ne fût-ce qu'un instant, regarder ce Jésus que son amour y a attaché pour nous! » Puis, après quelques momens de silence et de contemplation, elle dit avec un cœur ardent : « O ma mère, veuillez, je vous prie, choisir trois de nos sœurs pour représenter les cœurs de tous les hommes, et demeurer au nom de tous depuis une heure jusqu'à trois aux pieds de Notre-Seigneur Jésus-Christ mourant pour tout le genre humain. » Il était alors une heure sonnante. La Prieure, touchée et édifié de sa pensée, envoya devant le Saint-Sacrement trois sœurs, qui se trouvèrent heureuses d'avoir été choisies pour une si sainte mission.

Son oppression allait toujours croissant; elle souffrait de grandes douleurs, auxquelles vinrent se joindre des peines intérieures bien plus difficiles à supporter. Elle pria qu'on lui appliquât quelques reliques de saints, non pas tant pour être soulagée par la vertu qu'elles renferment, que pour être encouragée par le souvenir de ce que les saints ont souffert pour Jésus-Christ. Comme ses forces l'abandonnaient de plus en plus, elle pria qu'on lui fît les prières de la recommandation de l'ame. On les commença seulement, parce qu'on ne la croyait pas à toute extrémité ; mais s'apperçevant qu'on ne poursuivait pas : « Vous pouvez bien les achever, dit-elle ; ne craignez point de m'envoyer dans le sein d'Abraham. » Elle embrassait avec une tendre dévotion, les uns après les autres, les reliquaires qu'on lui avait présentés ; elle félicitait les saints du bonheur qu'ils avaient eu de souffrir le martyre, de donner leur sang pour l'amour de Jésus-Christ. Envieuse de leur sort, elle les priait avec ardeur de lui obtenir la gloire qu'ils possédaient, par de nouveaux travaux et de nouvelles souffrances. Quelques heures plus tard elle demanda un crucifix. Quand elle l'eut entre les mains, elle demeura long-temps en contemplation amoureuse devant Jésus en croix ; puis elle colla avec respect et amour ses lèvres mourantes sur les plaies de son divin époux, et semblait trouver une nouvelle vie dans ces doux embrassemens.

On avait une si grande foi à sa sainteté, que la voyant près de mourir, toutes les sœurs entouraient son lit pour lui faire chacune sa recommandation auprès de Dieu quand elle serait arrivée au Ciel Elle fit signe qu'elle les avait comprises, et profita de ce moment pour leur demander pardon à toutes des mauvais exemples qu'elle leur avait donnés ; elle le fit en termes si humbles que tous les cœurs furent pénétrés d'admiration à la vue du mépris qu'elle avait d'elle-même. Peu d'heures après elle entra en agonie.

Une des mères se hasarda à lui faire une recommandation, et lui dit : « Priez Dieu, ma mère, qu'il donne l'esprit primitif de leur ordre à toutes les filles du Carmel ; qu'il remplisse de son esprit tous leurs supérieurs, et qu'il accorde la conversion d'un pécheur à nos prières. » Elle ne put souffrir ces recommandations, et fit un effort sur elle-même pour répondre à peu-près comme saint Jean-de-la-Croix mourant. « Ne me parlez que de mes péchés et des miséricordes de Dieu, si toutefois il lui plaît de me faire miséricorde ; car nous ne savons pas si nous sommes dignes d'amour ou de haine. » L'ame dans le Ciel sera toute transformée en Dieu. Ne faisons pas de projet dans cette vie pour l'autre ; je veux même oublier ce que vous venez de me dire : déjà je me sentais atteinte de pensées de vanité. » La mère l'embrassa, et lui dit : « J'entre dans vos idées, et je demeure tranquille. » A quoi la malade sourit agréablement.

Elle se vit avec joie parvenue à l'agonie : vers les deux heures du matin on lui renouvella, comme elle l'avait demandé, les prières des agonisans pendant que l'on sonnait sa fin prochaine, et les sœurs les continuèrent jusqu'au moment où elle rendit le dernier soupir. Elle n'était point rassasiée de souffrir, car une de ses dernières paroles fut celle-ci : « *Je meurs crucifiée de n'être pas assez crucifiée.* » Elle rendit à Dieu son ame pure le 19 Mai 1835, à sept heures et demie du matin, après cinq heures d'agonie. Elle était âgée de 33 ans 7 mois et 5 jours ; en sorte que son désir de mourir au même âge que le fils de Dieu fut exaucé. Elle conserva jusqu'au dernier moment toutes ses facultés.

Deux heures après sa mort la prieure étant entrée dans l'infirmerie, dit en sortant : « J'ai éprouvé dans l'infirmerie les sentimens de dévotion et de recueillement que l'on éprouve en entrant dans un lieu saint. » Une autre écrivait : « Cette infirmerie où notre chère défunte reposait, ressemblait à un sanctuaire ; on y respirait un air divin. Pour moi, ce jour là et le lendemain me semblèrent des jours de fête : j'étais enivrée d'une telle joie intérieure, qu'on aurait dit que cette sainte ame me faisait goûter quelque peu du bonheur dont elle venait de prendre possession. » On remarquait dans son attitude quelque chose de céleste qui attirait les regards et gagnait les cœurs ; on éprouvait de la peine à s'en éloigner ; l'idée de la mort ne se présentait point à son aspect ; elle avait les yeux entr'ouverts, et il semblait à quelques personnes qu'elle leur souriait avec douceur. Quand elle fut portée au chœur, on vint en foule pour la voir, attiré que l'on était par le bruit de sa sainteté.

Ses funérailles se firent avec une pompe extraordinaire. Tout le clergé et toutes les confréries y assistèrent ; il y avait une si grande affluence, que ceux qui portaient le corps de la défunte n'arrivèrent qu'avec bien de la peine au lieu où il devait être déposé. On était accouru des campagnes voisines, et déjà de grand matin on frappait à la porte du couvent afin de voir le corps de cette sainte ; les cloches sonnaient comme dans les jours de grande sollennité : c'était plutôt un triomphe qu'un convoi funèbre ; et l'on peut dire qu'en ce jour s'accomplit cette parole : « Que celui qui s'abaisse sera élevé. » Car la sœur Augustine, qui n'avait voulu vivre que méprisée et inconnue, reçut plus d'honneur après sa mort que l'on n'en rend aux personnages les plus célèbres.

Elle était morte comme elle avait vécu, dans un si grand dépouillement, que l'on ne trouva point de quoi contenter la dévotion de toutes les personnes qui demandaient quelque objet qui eût servi à son usage.

Le couvent de Lectoure se souviendra long-temps de l'avoir possédée ; et sa mémoire y sera toujours en bénédiction, comme son souvenir est précieux aux Communautés de Limoges et de Montauban.

DISCOURS

SUR LA MORT

DE LA

MÈRE MARIE-AUGUSTINE DE SAINT-ÉLIE,

CARMÉLITE PROFESSE DE MONTAUBAN.

A la Révérende Mère Louise,

PRIEURE DES CARMÉLITES DE LECTOURE.

Ma Révérende Mère,

Dans les Psaumes divins qui sont journellement notre joie et notre consolation, le Prophète-Roi a bien décrit les divers rapports qui existèrent entre vous et la Mère Marie-Augustine de Saint-Élie (Ps. liv). De son vivant vous partagiez la même pensée, *tu vero, homo unanimis*, vous preniez ensemble la même nourriture, soit de la parole, soit de la vie, *qui simul mecum dulces capiebas cibos;* vous aillez de concert à l'oraison, *in domo Dei ambulavimus cum consensu;* elle vous aimait pour son guide, et vous la connaissiez dans son intérieur, *notus meus*, qui vous paraissait si noble, si pur et si aimable; il a encore raconté votre douleur chrétienne en décrivant la mort de son ami Jonathas, le prince d'Israël (II. Reg. 1.): *Doleo super te, frater mi Jonatha, decore nimis, et amabilis super amorem mulierum.* —Et comme l'amour d'une mère pour son fils unique est le plus fort et le plus respectable, je t'aimais aussi vivement et avec autant de piété. Vous l'avez donc pleurée, pieuse Mère, comme vous l'avez aimée, c'est-à-dire bien tendrement, et votre amour est aussi respectable que vos larmes; et même après la mort vos cœurs ont été aussi unis que pendant la vie, *in vitâ suâ, in morte quoque non sunt divisi.*

Pénétrée du sentiment de ses vertus, il vous a paru utile d'en conserver le souvenir: vous avez manifesté ce désir, je l'ai partagé, et j'ai mis la main à l'œuvre; votre pieuse sollicitude a plus d'une fois reporté mon esprit sur ce travail, distrait par d'autres soins: il est enfin terminé. Vous avez cru que telle vie pouvait être utile à vos jeunes sœurs du Carmel. Le motif de leur faciliter l'ascension du mont mystique, où il y a de si beaux ombrages, tant de sources cachées, et un horizon de mer si étendu, était pour moi assez grand, assez important : je n'en ai pas cherché d'autre ; il sera ma récompense, si je réussis ; et la bénédiction de la sainte Reine du Mont-Carmel paiera au centuple, la peine s'il y en a une. Lisez-la donc cette vie, et si les traits de sa personne n'y sont point décrits, parce que mon œil ne l'a jamais vue et que le son de sa douce voix n'a point touché mon oreille, puissiez-vous du moins y retrouver son ame et les puissans motifs qui la guidèrent dans la belle carrière qu'elle voulait parcourir ; puissions-nous aussi être un jour les témoins de sa gloire, et contempler ce beau ciel qui doit être la fin de nos travaux terrestres. Nous avons tous deux, je dirai presque tous trois, elle, vous et moi, la même pensée et encore le désir de nous aider dans le pénible voyage qui offre un si grand résultat et de si sérieuses difficultés. Elle a passé la première ; si c'est dans l'ordre des âges, je viendrais après ; mais si Dieu nous choisit dans le rang des mérites, je me tais, car nous pourrions contester.

Mais quel que soit l'ordre que Dieu suivra dans sa sagesse ou sa miséricorde, le dernier qui attendra la mort, le survivant, peut compter sur le secours des deux autres pour atteindre sa fin ou le complément de sa justification dans le lieu de l'expiation.

La mère Augustine a fait désormais entre nous une alliance qui est à la vie et à la mort, *in vitâ suâ, in morte quoque non sunt divisi.*

J'ai l'honneur d'être,

MA RÉVÉRENDE MÈRE,

Avec un très-profond respect et une affection vraiment chrétienne,

Votre très-humble serviteur en Notre-Seigneur Jésus-Christ,

A. CAHUSAC, *Prêtre.*

L'Ile-Jourdain, le 14 Septembre 1836.

DISCOURS

SUR LA MORT

DE LA MÈRE MARIE-AUGUSTINE DE SAINT-ÉLIE,

CARMÉLITE PROFESSE DE MONTAUBAN,

DÉCÉDÉE A LECTOURE.

Consummatus in brevi explevit tempora multa : placita enim erat Deo anima illius.

(SAP. IV.)

MES SOEURS,

Quel triste sujet m'amène devant vous en ce jour, et pourquoi viens-je renouveler vos douleurs, rouvrir vos blessures et faire encore couler vos larmes si agréables aux yeux du Seigneur. L'ange de la mort a passé sur cette pauvre maison, et inclinant légèrement son glaive redoutable, dont les coups ne portent jamais à faux, il a frappé une jeune vierge, une sainte épouse de Jésus-Christ, une fille de sainte Thérèse; il vous a enlevé une de vos sœurs; le Carmel a perdu une de ses fleurs suaves, dont l'éclat dérobé aux regards ne pouvait rester inconnu, *Christi bonus odor sumus.*

Son parfum bien que renfermé avec soin, répandait au loin l'odeur la plus aimable; ainsi quel riche fonds de vertu contenait un calice aussi précieux, il va nous être révélé.

La mort a rompu ses chaînes, il n'y a plus de de voiles entre elle et le Seigneur; vous êtes maintenant libres, ô mes Sœurs, de publier ses merveilles, de parler de ses vertus, de les annoncer avec la simplicité qui vous caractérise, à toutes les contrées qui environnent le mont sacré; on priera avec vous, et l'on se réjouira pourtant en apprenant qu'un trésor si long-temps caché est maintenant connu, qu'il est permis de raconter sa belle vie terrestre, depuis qu'elle est entrée dans le glorieux repos de l'Eternel. Rien désormais ne peut flétrir ou diminuer ses vertus, l'or le plus pur est à l'abri de la rouille, et le froment généreux est enfermé dans les riches greniers du bon Père de famille, et là il ne perdra rien de sa saveur, ni de sa beauté, ni de sa fécondité. Le Carmel moderne n'est donc pas dégénéré de sa beauté primitive, puisqu'il peut présenter à sainte Thérèse, au saint prophète Elie des ames aussi belles, des cœurs aussi forts, aussi ardens, et des volontés aussi fermes dans le bien, qui font agir avec facilité pour la vertu, des corps que la vieillesse n'a point atteints et que le vice n'a pu aborder. Vous ne périrez donc pas, antique religion des Prophètes et des anciens Pères du Carmel, noble asile de la vie contemplative, car l'école d'où est sortie cette jeune sœur existe encore, et le jardin mystique, où l'on a cultivé d'une main si délicate une telle fleur n'a point été ravagé; il y a dans ces maisons que Marie-Augustine habita, une semence précieuse qui portera son fruit en son temps; il y règne la même ardeur qu'au jour de sa jeunesse, pour le service du Seigneur, la même ferveur de pénitence, un tel amour de l'oraison, un égal désir de contribuer à la gloire de Jésus-Christ, et de retracer pour l'instruction du siècle les grands et riches modèles de la vie pénitente du vieux mont sacré.

Réjouis-toi donc, ô Sion, sainte Eglise de Dieu, tendre mère de nos ames, sage Reine de nos volontés, puisqu'un de ces monts sacrés sur lesquels tu étends un de tes bras majestueux, offre partout l'image de la vie et du mouvement des cœurs vers le Dieu du ciel et de la terre, et l'aimable Sauveur du monde. Ne peux-tu pas espérer que les camps dispersés dans tes vastes plaines combattront avec courage et une noble espérance, et que tes ennemis seront honteusement chassés ou vaincus, parce que les montagnes qui les dominent sont au pouvoir de tes enfans, qu'ils élèvent leurs bras victorieux vers le Seigneur des armées, qu'ils combattent le jour, et que la nuit ils veillent en priant? Et si le combat ne cesse point, la prière n'est pas suspendue : la victoire à la fin, et une victoire générale doit couronner les efforts de tes vaillans soldats; et le Carmel, dans ses jours solennels, en célèbre d'avance, par les cantiques du Prophète-Roi, les triomphes et la gloire, comme il en entretient le vœu par ses gémissemens et ses austérités.

Nous allons donc, mes Sœurs, pour traiter ce sujet avec ordre, partager le court espace de sa vie en deux époques : l'une de sa naissance jusqu'à sa profession, et la seconde depuis sa profession jusqu'à sa mort. La première nous montrera les belles dispositions d'une ame née pour devenir une épouse vivante du Seigneur, préparée par la pratique des vertus chrétiennes à offrir à son Dieu les sacrifices d'une vie pénitente; dans la seconde nous admirerons les progrès d'une ame qui s'est vouée au service de son Epoux divin, qui entre dans ses pensées, répand ses plus chères affections dans le cœur de Jésus, et se laissant conduire par le Saint-Esprit avec une humble docilité et un aimable abandon, fait de grands pas dans la voie de sa perfection ; *in brevi consummatus explevit tempora multa*. Et vous, jeunes vierges, qui vivez encore dans le commerce et les dangers du monde, entre les mains desquelles ce discours pourra tomber, apprenez à connaître par cet écrit le prix de vos ames, la beauté de la vertu et les hautes récompenses que Dieu lui destine si vous correspondez fidèlement au dessein de la Providence, aux sollicitations de la grâce, pour délivrer l'ame de ses passions, éclairer l'esprit par les divines lumières, et réchauffer le cœur au brûlant foyer de l'amour de Dieu : excitez-vous en ce jour à aimer ce Dieu si grand, si bon, qui vous a créées, et dont les miséricordes sont plus élevées, plus étendues que vos misères ne sont larges et profondes ; suivez le grand modèle que je vous offre, admirez la belle voie qui conduit à Dieu, et ne redoutez ni les difficultés de la vertu, ni les aspérités du chemin du ciel : les difficultés disparaissent et les voies s'aplanissent à mesure qu'on marche avec persévérance, avec fermeté dans cette route lumineuse : *In lumine tuo videbimus lumen*, nous verrons ta lumière qui est celle des Saints.

Anges de Dieu qu'il nous donna pour garder nos ames et les préserver des atteintes et des morsures de l'esprit immonde, et qui si souvent fûtes témoins invisibles de ses combats et de ses victoires, maintenant en silence et prosternés devant la Majesté divine vous jouissez de sa gloire et de son bonheur, et vous ne trouvez pas que vos peines aient été trop grandes pour lui assurer une telle félicité, ce poids immense de gloire, *immensum gloriæ*, dont parle l'Apôtre des nations. Implorez pour moi, en vous joignant à la Reine du Ciel, maîtresse du mont Carmel, les lumières du Saint-Esprit, l'assistance du Verbe divin et les miséricordes du Père de toute consolation, *Pater totius consolationis*.

Ave Maria.

PREMIÈRE PARTIE.

A ne considérer, mes Sœurs, que la beauté de l'ame chrétienne lorsqu'elle sort virginale des mains de Dieu, les grands moyens qu'offre la religion de Jésus-Christ, et l'excellence du modèle admirable ou type parfait qu'il nous a donné dans la sainte Vierge, votre grande Reine, on a lieu de s'étonner qu'il y ait si peu d'ames qui avancent dans les voies de la perfection, et que tant d'autres, sans songer le moins du monde à cette perfection, vivent dans une ignorance complète des devoirs d'un chrétien, de la fin que Dieu s'est proposée en les créant, et arrivent lentement au terme d'une carrière remplie de chutes, de misères, qui ont imprimé à leur ame les funestes images du péché, et complètement défiguré l'ouvrage du Créateur ; mais cet étonnement cesse quand on réfléchit aux conditions presque toutes nécessaires, pour que l'ame entre de bonne heure et avec intelligence dans le dessein de Dieu, suive fidèlement les exemples de certains saints, plus heureux que les autres. Ces conditions, nous les trouvons dans la constitution même du corps, les dispositions de l'ame, les exemples des parens et l'éducation de l'enfance. Quand le corps de l'enfant n'est pas sain, qu'il est sujet ou à des maladies fréquentes ou à des infirmités, il est bien difficile qu'un pareil état ne nuise point à l'ame, et qu'elle ne contracte pas des habitudes mauvaises qui viennent primitivement des vices du corps ; l'ame ou l'esprit peut aussi avoir acquis des défauts et des vices qu'on n'a point songé à corriger, et qui arrêtent ses progrès dans le bien ; la conduite et les exemples des parens exercent encore une trop funeste influence sur l'ame dans un âge si tendre, où, comme une cire molle, on peut lui donner toutes les formes. Si donc les parens ne sont pas de bons chrétiens, les exemples seront mauvais et ne tarderont pas à produire de fâcheux effets sur une ame légère, inconstante, ignorante et sensuelle ; enfin, l'éducation vient perfectionner ou corriger, détruire ou changer les premières impressions de la famille, selon qu'elle est bonne, active, négligente ou tout-à-fait mauvaise. Nous devons donc bénir et admirer la providence de Dieu, si dès ce premier début de l'enfant, quand l'ame apparaît neuve sur cette terre de deuil et de misères, nous voyons se réunir toutes les conditions qui lui promettent une plus belle destinée qu'au commun des hommes, et qui faciliteront ses progrès dans la voie pénible mais glorieuse de la perfection. Ce dessein semble-t-il se manifester en de tels êtres, il ne dépendra plus que d'eux de faire des progrès et d'atteindre la perfection que Dieu leur réserve, en répondant fidèlement à sa grâce, et suivant les belles lumières que le Saint-Esprit leur donne à mesure qu'ils avancent; ne s'arrêtant dans cette heureuse voie que lorsqu'ils auront atteint le terme de leur course, ou que Dieu, satisfait de leur docilité à sa conduite, de leur zèle pour sa gloire, de leur amour des vertus héroïques de mortification et d'humilité, après les avoir éprouvés, exercés dans de rudes combats glorieusement soutenus, les retire en quelque sorte pleins de vie, chargés de mérite, sans permettre à la nature de se dégrader par le travail ou le poids des années : telle eût été, mes Sœurs, la condition d'Adam, s'il n'eût point péché. Après avoir vécu sur la terre et cultivé le jardin spirituel de son ame, sans éprouver les dégoûts et les misères du vieil âge, il eût été transporté dans le ciel des cieux, confirmé pour toujours en grâce, et admis à partager le bonheur des anges qu'il aurait imités sur la terre. Combien opposée a été la conduite des hommes depuis le péché; nous en gémissons chaque jour, et nous confirmons bien par nos aveux aussi vrais qu'humilians, cette parole de l'Ecriture: « Une inquiète occupation a été destinée d'abord à tous les hommes, et un joug pesant accable les enfans d'Adam depuis le jour qu'ils sortent du sein de leur mère, jusqu'au jour de leur sépulture, où ils rentrent dans la mère commune de tous. » Entre les saints eux-mêmes, à l'exception de quelques vierges martyres, ou de jeunes enfans aussi martyrs, il y en a bien peu dont la vie ne présente des lacunes dans le service de Dieu, ou des fautes graves qui excitent notre compassion et nous font réfléchir sur le grand mal qui, dès l'origine, a vicié toute la nature et détourné sa pente du bien; de sorte que, comme dit si bien le profond auteur de l'Imitation, s'adressant à Dieu: Le nom de nature que vous aviez créé dans l'innocence et dans la justice, se prend maintenant pour le vice et pour la langueur de la nature corrompue, parce qu'étant laissée à elle-même, elle nous entraîne au mal et à l'amour des choses basses. Et il faut soutenir un long combat pour faire triompher la grâce de cette nature avilie, même dans les saints, l'en rendre complètement maîtresse; mais alors chez les saints, que voyons-nous ? un corps défiguré par les maladies, courbé sous le poids des années, exténué, usé par les fatigues ou les austérités, avec des sens affaiblis ou morts, des facultés intérieures ou éteintes ou sans fonctions, comme la mémoire, avec des organes embarrassés, tels que la parole, ne se mouvant qu'avec peine et ne vivant qu'avec la douleur. Ah! mes Sœurs, qui méditez si souvent sur le péché dans l'oraison, voilà ses effets, vous les retrouvez partout: tels sont les ravages que rien n'arrête, que nous déplorons tous sans pouvoir les combattre, trop heureux si nous pouvons préserver nos ames des impressions du péché, abandonnant nos corps comme un vieux manteau destiné à tomber en lambeaux et à être réduit en poussière, parce qu'il nous fut donné par un père pécheur. Que de raisons je réunis pour détester le péché, et pour mépriser le corps qui en porte les suites.

Quel contraste heureux et quelle consolation puis-je vous offrir, mes Sœurs, et qui combatte plus directement les noirs tableaux que font des philosophes chagrins de la situation de l'homme sur la terre, et de l'espèce d'abandon auquel il semble qu'un Dieu si grand, si bon et si intelligent, ne devait pas livrer sa plus noble créature, son plus bel ouvrage. Ah! la vie de cette jeune mère m'en découvre le moyen, et je me plais à vous l'exposer avec tous les traits de la grâce, de l'amour et de l'espérance, associés à un corps sain, chaste et pur.

Dans le voisinage de Montauban vivait une famille chrétienne, cultivant en paix le modeste héritage de ses pères, et pratiquant dans la droiture et la simplicité les vertus chrétiennes : c'est là que le Seigneur avait résolu de choisir une épouse, une fille de la Sainte Vierge, comme autrefois il élut le jeune David dans la pauvre famille de Jessé, pour en faire un prophète et un Roi d'Israël.

Devant ses yeux il n'y avait rien qui pût nuire à son ame, ni les exemples, ni la profession de ses parens, ni la contagion des villes; rien aussi ne pouvait l'avilir aux yeux du monde, puisque ses parens étaient justes, bons et généralement estimés: c'était une plante sortie d'une racine saine et vigoureuse, née sur un bon terrain, et qui, transplantée ailleurs, deviendrait un grand arbre et donnerait un ombrage agréable sur le Mont-Carmel. Sa mère, bonne et pieuse, cultiva l'heureux naturel de sa jeune fille, sans prévoir tout ce que Dieu avait résolu de faire pour elle. De bonne heure elle annonçait qu'elle serait une fidèle amante de la croix; mais d'où pouvait lui venir ce vif désir de porter, toutes les nuits, votre couronne d'épines, si ce n'est de vous, ô divin Jésus, crucifié pour elle et pour nous! Vous la prépariez ainsi au martyre de son cœur et de son corps, et à la sollicitude qui l'occupa jusqu'à sa mort, de mener une vie de croix et de souffrances, afin que dans ce martyre continuel elle trouvât un aliment constant à son amour insatiable pour vous. Ayant un jour voulu se faire une couronne d'épines, elle s'enfonça dans la campagne, et se voyant libre, elle entra dans un buisson, ses jeunes mains lui servant de couteau; mais elle fut bientôt aperçue par un domestique qui, curieux de savoir ce qu'elle était allée y faire, lui cria, en la voyant, de sortir de là, que sa mère la mettrait en pénitence. Sans s'étonner ni s'émouvoir, elle répondit : Jean, aidez-moi à faire une couronne; il prit de suite un couteau, plutôt pour la débarrasser que pour la contenter. Alors elle lui dit : Puisqu'il vous faut un couteau, allez-vous-en. Quelque temps encore elle continua ses petites pratiques de mortifications; mais le Seigneur, jaloux de la faire monter plus haut, lui envoya de violentes tentations contre la foi; ses épreuves nouvelles la faisaient gémir jour et nuit, surtout à l'église, où elle s'écriait avec un accent de piété : Ah! que sont heureuses les personnes qui vous croient présent ici, ô mon Dieu; pour moi, je n'en crois rien. Elle visitait jusqu'à trois églises, et dans chacune faisait à Dieu les mêmes plaintes. De retour chez elle, son chagrin de ne pas croire la tourmentait encore.

Mais, mes Sœurs, si les tentations contre la foi sont une punition des ames qui volontairement, par orgueil ou toute autre vanité, sont tombées dans l'incrédulité; ou des ames qui par l'innocence et la piété l'ont conservée intacte, ce n'est qu'une épreuve nullement dangereuse et très-méritoire, et qui précède ordinairement les vives lumières que Dieu veut leur donner en matière de foi. Ne vous y méprenez point, de peur que ces tentations, quand vous les aurez, ne viennent point troubler la paix de votre esprit et la joie de votre cœur. Estimez bien plutôt heureuse l'ame qui passe par ces ténèbres, car elle arrivera certainement à une bien vive lumière.

Telle est la conduite de Dieu pour nous faire sentir la grandeur du Don de Foi, la nécessité de le conserver en redoublant de vigilance au plus fort des tentations, et en s'humiliant devant Dieu, qui si long-temps a été caché aux yeux des hommes, *Deus absconditus;* et la foi n'est nulle part plus solidement établie que dans les ames qui ont passé par ces terribles épreuves; car elles sollicitent avec amour, et un amour inquiet, le Don de Foi; et cet amour d'où vient-il, si ce n'est de leur foi? *fides quæ per caritatem operetur*. Il en fut ainsi de la jeune Augustine.

Une telle préparation la disposait à recevoir les instructions que sa mère lui destinait en la plaçant dans la maison des Ursulines de Montauban. Ces Dames connurent bientôt et surent apprécier son humble modestie et les heureuses dispositions de son cœur à la piété : elles la cultivèrent avec un tendre intérêt jusqu'à sa première communion. (*) *Là se fit cette belle alliance qui devait durer éternellement, hoc fœdus in perpetuum*, entre une ame si pure et si portée à aimer, et la souveraine beauté et l'éternel amour. O jour heureux et digne d'un éternel souvenir, que celui qui unit la pieuse Augustine avec l'époux de son choix et de son cœur, par les liens de la charité la plus vive et la plus intime, et qui exerça sur elle cette douce et forte attraction dont parle le prophète Osée : *In funiculis Adam traham eos, in vinculis charitatis ; et ero eis quasi exaltans jugum super maxillas eorum ; et declinavi ad eum ut vesceretur.*

Cette puissante attraction opéra encore à son retour dans la maison de sa mère ; la pensée de s'unir à Jésus-Christ l'y poursuivit, et elle ne soupirait qu'après le bonheur de se consacrer toute entière

(*) L'auteur a été mal instruit : c'est dans les mains d'une Carmélite qu'elle fit sa première communion, pour des raisons que Dieu seul connaît, comme on la vu dans sa vie privée.

à lui dans la retraite de votre saint ordre. Ce désir l'occupait jour et nuit ; mais ses parens voulurent éprouver leur chère fille par un refus prolongé qui ne fit que démontrer la solidité de sa vocation. Pour se dédommager de ce retard involontaire à ses désirs, elle faisait de fréquentes visites aux mères du Carmel, et elle choisissait le temps de la plus ardente chaleur de l'été, vers midi, afin, disait-elle, de rencontrer moins de monde ; et ce voyage était de deux fortes heures. Il fallut enfin céder à une volonté aussi prononcée, et elle obtint sa liberté de ses bons parens ; ils lui accordèrent leur consentement, avec la conviction que son bonheur se trouverait dans cet état de perfection qui convenait à une jeune personne ornée de tant de vertus, et animée du désir de servir avec un grand zèle Dieu et la sainte Reine du Carmel. Une fois résolue de voler au sanctuaire où l'appelait son cœur, elle se hâta de se jeter entre les bras de ces bonnes mères, qui, connaissant ses belles dispositions, lui ouvrirent avec joie la porte de leur maison, et toutes remercièrent le Seigneur de cette nouvelle acquisition ; l'événement confirma tout ce qu'il y avait de vrai dans les désirs de l'une et l'attente des autres.

Désormais ma tâche devient plus difficile, mes Sœurs. La sœur Augustine n'aura plus rien de commun avec le monde; elle en sera séparée, long-temps ignorée ; nous pourrons, sans efforts, vous parler de ses vertus, que vous connaissez par votre application à en suivre le modèle qui vous est commun avec elle, la Sainte Vierge et votre sainte fondatrice, Thérèse d'Avila.

Mais comment pénétrer dans un cœur aussi pur, aussi noble, et découvrir les motifs si délicats de tant d'œuvres de pénitence qui devraient rester à jamais cachés aux hommes, et qui avaient leur source dans ce grand amour de la vertu de mortification, entretenue par une piété qui s'accroissait bien plus par les œuvres que par les années. Heureuses les ames à qui l'on peut appliquer ces paroles de la sagesse : *Consummatus in brevi, explevit tempora multa.*

Nous aurons donc, dans cette seconde période de sa vie, lieu de contempler les beaux développemens d'un édifice si solidement bâti, et conservé pour la gloire de votre ordre avec tant de soins et de sollicitude ; nous admirerons plus d'une fois la sage conduite de la providence, qui avait veillé autour de cette jeune plante, pour que rien n'en ternît l'éclat, et que, par une succession de grâces, elle arrivât à la perfection qu'avait fait espérer un si heureux début. Et vous, grande Reine du Mont-Carmel, qui, comme une tendre mère, avez gardé cette chère fille, et, en maîtresse intelligente, favorisâtes son avancement, secondez aussi le pieux désir que j'ai d'édifier nos Sœurs, en ne disant rien que de vrai et de conforme à la piété, et de ne rien omettre d'essentiel pour honorer dignement votre pieuse servante.

DEUXIÈME PARTIE.

La vie religieuse du Carmel présente dès son abord une difficulté que l'on ne soupçonne point dans le monde chrétien, et qui n'est pas toujours vaincue par les jeunes vierges qu'attire le Carmel : et qu'arrive-t-il ? ne pouvant la surmonter, elles se retirent tristes comme le jeune homme de l'Évangile: *Abiit tristis* (Matth., VIII); il avait de grands biens, et Jésus-Christ lui proposa d'y renoncer. Ne voulant point faire ce sacrifice, il perdit tout le fruit de ses travaux précédens par son attachement aux biens de la terre, les droits qu'il avait à l'amitié, *Jesus intuens eum*. Ce n'est pas l'attachement aux biens de la terre qui fait pour ces personnes la grande difficulté : elles savent fort bien qu'il faudra leur dire adieu ; mais elles ont une volonté qui dans le monde était peu contrariée par des parens pieux et complaisans ; et maintenant au Carmel on va l'éprouver cette volonté , ou plutôt l'anéantir. Quel sera le résultat de ce combat intérieur ? Si l'on résiste à cette lutte contre sa volonté, il y aura répugnance par défaut d'humilité : une telle ame ne sera point jugée propre au Carmel ; et si, anéantissant sa volonté, il ne reste plus de courage ou d'ardeur pour la piété, l'ame tombera dans un état bien triste, et sera encore bien éloignée du Carmel, parce qu'elle aura perdu son énergie avec sa volonté. C'est là, mes Sœurs, je pense, l'écueil où vont se briser de jeunes ames qui ne l'ont pas connu, et qui, peut-être, en sortant de vos maisons auront dans le fond du cœur le regret de quitter ce qu'elles n'ont pu embrasser ; et souvent tout leur avenir sera flétri par cette tentative infructueuse ; leur vie se passera en plaintes amères, en regrets inutiles ; on tombera dans une indifférence pire que la voie ordinaire.

Nous devons donc admirer le commencement de la sœur Augustine, qui entra au Carmel de Montauban le jour de sainte Thérèse, car dès les premières épreuves de son noviciat on distingua en elle une modestie rare, une simplicité angélique, une candeur et une parfaite obéissance qui avait son appui bien solide dans l'humilité de son ame : Dès-lors nous serons moins surpris de son application continuelle à s'instruire des plus petits de vos devoirs et de vos moindres obligations; mais allier l'humilité avec l'ardeur, et le renoncement de la volonté avec une persévérance dans le bon vouloir d'arriver au terme de sa profession, voilà, mes Sœurs, la difficulté que j'ai signalée, vaincue, et une vertu solide bien démontrée, et dans un âge si tendre bien digne de notre admiration; et nous ne sommes pas les premiers à lui rendre ce beau témoignage : car elle obtint le suffrage de ses douze compagnes de noviciat, qui voyaient tous les jours cette belle vertu se déployer en elle, ou plutôt cet assemblage heureux de vertus qui concouraient à une même fin, c'est-à-dire à établir le règne de Jésus-Christ dans son ame, et à manifester ce grand caractère qui gouvernait au-dedans toutes choses, avec force et douceur, avec humilité et ferveur. Notre admiration est donc justement fondée, et nous n'avançons rien que de bien prouvé. Il le sera bien d'une autre manière; mais avançons. Ce triomphe de l'humilité sur la volonté naturelle a pu nous étonner un instant; mais quand nous réfléchissons à son grand amour de Jésus mourant pour elle, et à son amour de la mortification, soit à cause de Jésus-Christ, soit par mépris pour elle-même, nous n'en sommes plus aussi surpris. La mort de Jésus-Chrit opérait en elle la mort de tous les penchans de la nature, et sa vie se consumait pour la maintenir dans cette ferveur de piété, et cette ardeur pour son service et la pratique des saintes règles. Elle avait donc un cœur mort à tout ce qui était d'elle-même, à sa nature de fille d'Eve, et vivant à tout ce qui vient de la sainte mère de Jésus ; et l'on pouvait déjà dire d'elle : *Fecit mihi magna, qui potens est;* le Tout-Puissant a fait en moi de grandes choses, et il a fait tout ce qu'il a voulu, *omnia quæcumque voluit, fecit.* Et si nous appercevons dans son noviciat l'alliance de la mort et de la vie au fond de cette ame consacrée à Jésus-Christ, nous ne serons plus étonnés que chacun de ses germes divins, continuant à opérer, produise, après sa profession, de si beaux fruits, et que prenant chaque année plus d'accroissement, ils excitent partout l'admiration, à cause de cette mort qui opère sans cesse les actes les plus pénibles à la nature, avec un persévérant effort, et l'amour, à cause de cette vie de grâce, de charité, qui se manifestait dans ses rapports avec ses sœurs ; et comme cette double vie est le secret de l'état religieux, elle est aussi la clef pour comprendre les progrès d'une ame vivante et mortifiée comme la sœur Augustine : progrès qui n'ont eu pour terme que sa mort.

Soyez donc béni, ô mon divin Maître, de ce que vous avez fait en elle ; et si par la vénération que nous avons pour cette ame si belle, nous pouvions obtenir quelque grâce, nous vous demanderions que le mystère de votre mort, sans cesse présent à notre adoration et vivant en notre cœur, y opérât la mort de tout ce que nous a transmis de mauvais notre père Adam ; car si nous mourrions ainsi chaque jour, comme votre saint Apôtre, *quotidiè morior*, nous pourrions aussi espérer que votre vie ou votre résurrection agirait à son tour, et qu'à juste titre nous mériterions d'être appelés les enfans de la lumière, *vos filii luci*, et de la résurrection, *et resurrectionis;* au lieu que notre intelligence nous fait voir un peu de lumière au milieu des ténèbres, et notre cœur nous accuse d'un défaut de vie qui atteste que la mort n'a pas été entière, et que la résurrection est par suite imparfaite : Ah ! quand nous sera-t-il donné de mourir en entier, et de ne vivre qu'en vous et par vous, de voir toute lumière? *in lumine tuo videmus lumen* (Ps.). Qu'elle vienne donc cette mort, puisque sans elle nous ne voyons pas la vrai lumière et nous ne goûtons point l'éternelle vie. Vous partagez aussi ce désir, mes Sœurs ; et ce qui vous charme dans cette vie de la sœur

Augustine, c'est que si la doctrine évangélique annonce une perfection de vertus pénibles à la nature, la vie de cette chère sœur vous la démontre pratiquée et en action. Les exemples des temps modernes confirment donc la vérité ancienne, et rappellent les beaux temps de l'antique Carmel.

A son noviciat commence donc, mes Sœurs, ce long cours de mortifications dont je ne vous ferai point connaître le détail, mais seulement l'esprit, pour justifier à vos yeux cette soif qui la dévorait de tourmenter son corps ; et nous pouvons bien lui appliquer l'une des béatitudes de Notre-Seigneur Jésus-Christ : Heureux ceux qui ont soif de la justice, parce qu'ils seront rassasiés, *beati qui sitiunt justitiam, quoniam ipsi saturabuntur* (Matth. v.) ; et cette belle ame avait soif de la mortification comme un pécheur pénitent de la justice : tantôt elle exposait ses mains au feu pour vaincre le sommeil ; tantôt, à force de se tourmenter, elle couvrait ses bras de meurtrissures jusqu'au coude, ou bien elle enfonçait dans son corps de longues épingles ; et chaque fois que l'on découvrait ces pénitences ou plutôt ces macérations, la sagesse de ses maîtresses les lui défendait, mais elle était ingénieuse à en inventer de nouvelles, tant était vif et pressant en elle le besoin de martyriser sa chair ; et si le désir de participer au mystère de la mort de Jésus était si actif, celui de vivre dans son humilité et dans son amour était un second mobile d'une foule d'actions qui se succédaient ou se renouvelaient chaque jour. Loin de chercher à s'excuser dans les occasions les plus délicates, elle voulait se faire accuser en excusant ses jeunes sœurs; elle attirait sur elle toutes les réprimandes que faisait la maîtresse des novices, sans montrer nul mouvement d'humeur, ni un signe d'inégalité de caractère; sa douceur inaltérable se voyait partout, et sa patience dans chaque épreuve. Tant de vertus pratiquées à l'égard des sœurs, donnaient à son oraison un mérite intérieur qui était la récompense des vertus précédentes et la cause de nouvelles grâces du Seigneur. Dans l'oraison, se croyant seule et sans témoins, son ame se répandait devant Dieu. Avec quelle humilité ne traitait-elle point son Maître ou son Epoux, pour lui exprimer le désir qui la dévorait de lui plaire et de l'aimer? De là ces colloques où respirait la tendresse d'un amour si ardent et si expansif: elle sentait le besoin d'exprimer par la parole les sentimens qui tourmentaient son cœur; la nuit on l'entendait s'écrier: « Oh! quand viendrez-vous, mon Jésus, rompre mes chaînes? oh! quand fondrez-vous mon cœur dans le vôtre? quand brûlerez-vous la rouille de mes péchés qui me crucifient jusqu'à mourir? achevez votre œuvre, mon amour, achevez votre œuvre, c'est vous qui l'avez commencée ; plus de milieu entre votre amour et le mien ; venez donc, mon Seigneur. » Ainsi l'épouse du Cantique, s'écriait : Soutenez-moi, *sustincte me malis*, avec l'accent de la pitié, *ecce amore langueo*, je languis d'amour ; et le Prophète-Roi exprime si bien cette situation de l'amour altéré, de même qu'un cerf haletant se hâte vers les sources fraîches, ainsi mon ame vous désire, *quemadmodum desiderat cervus ad fontes aquarum, ita desiderat anima mea ad te Deus.*

Mon ame a soif du Dieu vivant : quand viendrai-je et paraîtrai-je devant la face de Dieu. Mes larmes ont été mon pain le jour et la nuit, lorsqu'on me dit chaque jour où est votre Dieu, *ubi est Deus tuus?* Je me suis rappelé ces choses, et j'ai répandu mon ame en mon intérieur, parce que j'irai et je passerai jusqu'au lieu de votre admirable tabernable, jusqu'à la maison de Dieu. Ah ! mes Sœurs, ne devons-nous pas nous estimer heureux quand on retrouve dans une ame vivant de nos jours, des sentimens si vifs pour Dieu, et cette ardeur inquiète d'être un instant délaissée, et qui est ravivée ensuite par son apparition, *in voce exultationis et confessionis sonus epulantis.*

Les miracles de l'amour Divin ne sont donc pas épuisés, ni exclusivement réservés aux siècles anciens ; Dieu en a conservé pour les jours présens ; ouvrons les yeux et nous les verrons : la source de la vie et du bel amour n'est pas tellement cachée ou scellée que nous ne puissions la découvrir ou la rompre ; ayons des cœurs tout mortifiés, et bientôt la vie et l'amour les rempliront, comme celui de la mère Augustine, des plus fortes émotions, qui se déborderont ensuite par des paroles pleines d'amour, *ex abundatiâ cordis loquitur os*, et se termineront par des extases, le corps étant trop faible pour supporter long-temps de si fortes émotions ; car vous ne l'ignorez pas, mes Sœurs, l'extase est un état dans lequel l'action des sens est suspendue à l'extérieur, pendant que l'ame est absorbée par des sentimens d'amour et de la grandeur divine qui, se manifestant à l'ame, la rendent incapable de voir ce qui se passe en elle-même. La sœur Augustine éprouva souvent et pendant quelques années ces extases qui accrurent toutes ses vertus d'une manière si visible, qu'il n'y eut pas lieu d'y soupçonner la moindre illusion : c'est le signe le plus certain qu'elles venaient de Dieu, car les illusions du démon, quand il se transforme en ange de lumière, suivant la parole de l'Apôtre, n'ont et ne sauraient avoir pour fin d'accroître l'humilité dans une ame qui le combat victorieusement, ni la vertu de pureté qui le terrasse, ni l'amour de Dieu, si opposé à la haine qu'il a pour son souverain maître et seigneur, Notre-Seigneur Jésus-Christ.

De si grands progrès et de si heureuses dispositions annonçaient une vertu solide et presque consommée dans un âge si tendre, et la rendaient bien propre à instruire et à guider ses jeunes sœurs novices, environ deux ans après son noviciat. Représentez-vous une troupe d'élite animée des meilleurs sentimens, à la tête de laquelle la sœur Augustine de Saint-Elie marchait avec courage, leur communiquant son ardeur pour le service de Dieu, s'insinuant dans leur cœur pour le façonner, afin que Dieu le possédât en entier, et usant d'une rare discrétion, pour que trop d'ardeur n'épuisât point en peu de jours les forces de leur ame, et que l'enflure ne vint pas dessécher le cœur; et pour le rafraichir ce cœur si prêt aux grandes choses, et qui doit cependant croître en humilité, il faut souvent rappeler l'ame au souvenir de sa condition, qui est d'être pécheresse et d'avoir encore quelque inclination au péché. Tu voudrais t'élever, ô mon ame, et voler avec les aigles, tandis qu'il vaut mieux pour toi que tu abaisses cette tête superbe vers la terre, et que tu n'oublies jamais que tu rentreras dans la poussière ou tu as pris naissance. Pleurons donc nos péchés, mes Sœurs, et notre ame sera rafraichie, notre esprit qui s'élevait si haut reprendra ses forces, et marchera plus léger dans la voies des commandemens divins. Par ces humiliations, dans ces abaissemens et ces lamentations sur notre misérable nature, le temps n'est point perdu ; il ne saurait au contraire être mieux employé, parce que cette imitation de la vie cachée de notre divin Sauveur fortifie l'intérieur de l'ame et détruit au fond du cœur les plus petites racines de la vanité ; et la sœur Augustine était aussi intelligente à les découvrir à ses jeunes novices, qui peut-être ne les distinguaient pas bien, parce qu'il n'y a rien de plus subtil, que zélée pour les en purger. Cette conduite si sage et si affectueuse lui gagna tellement l'amour de ses sœurs, qu'elles ne désiraient que d'être sous sa direction et vivre auprès d'elle sous ses aimables lois ; elles allaient de concert à l'exercice de la prière, à l'oraison, à la récréation ; elles marchaient dans ses voies, et le sommeil seul suspendait un temps l'action commune de leurs ames, et l'union de leur esprit : spectacle digne des anges quand la vertu de l'innocence a fait alliance avec la piété, et qu'une tendre charité consolide l'ouvrage de la grâce. Avec qu'elle joie la sainte Vierge considère un si jeune troupeau empressé à lui plaire, à orner son autel, à imiter ses vertus, et à chanter ses louanges ; que de bénédictions elle distribue, et que de joie répand dans l'ame un tel début, et quelle riche moisson ne devra point produire une si bonne semence et un terrain si sagement cultivé.

Les maisons de Dieu et de sa sainte Mère seraient un véritable paradis sur la terre, quand on a su y établir une telle harmonie, si solide et si belle, et puissamment cimentée par l'amour divin de Jésus, Roi et Maître de tous ces cœurs, si le zèle pour la gloire du Mont-Carmel n'exigeait des sacrifices d'autant plus pénibles, qu'une maison doit se dépouiller d'un de ses meilleurs sujets qui en est le point fondamental, la fleur et l'ornement, pour répandre ailleurs le bon esprit qui l'anime, et propager dans une autre contrée les vertus qu'elle possède, les enrichir du baume odoriférant de sa grâce: *in odorem unguentorum curremus, adolescentulæ dilexerunt te nimis.*

Ce fut un sacrifice de ce genre que la maison de Montauban dut faire à celle de Limoges; le respect pour les anciennes mères de cette ville, qui désiraient le rétablissement de leur maison, exigeait ce dépouillement; et l'on pensa que nulle des jeunes sœurs n'était propre à entrer dans leurs vues, et à accomplir la restauration de leur maison, que la sœur Augustine, qui n'avait alors qu'environ vingt-trois ans et demi: en peu de temps elle avait parcouru une longue carrière, et il lui était donné de montrer aux autres le vrai chemin du Carmel dont elle connaissait si bien les dangers et les obstacles pour ne s'en écarter ni à droite ni à gauche, *ne declines nec à dextris nec à sinistris.*

Quelle séparation on lui demandait ! Son zèle eût cependant imposé silence à son cœur, à cause de la vivacité de son amour pour le troupeau de la Sainte Vierge ; et ce n'est qu'en versant des larmes qu'elle pouvait obéir, et quitter ses bien chères compagnes ; mais à ce sentiment si douloureux s'en joignait un autre bien propre à abattre la fermeté de son courage : il lui semblait que tout ce qu'elle avait fait dans la maison de Montauban n'était rien, et qu'elle n'avait ni assez de capacité ni assez de vertu pour entreprendre une telle œuvre. Nous retrouvons bien là le caractère de la véritable humilité ; et comme déjà nous avons découvert en elle d'autres vertus, nous présumons que le bon Dieu qu'elle servait avec tant de fidélité, et que la Sainte Vierge, si tendrement chérie, ne l'abandonneront point ici ; et nous lui appliquons cette parole du Scribe, de l'Evangile à notre divin Maître : Je vous suivrai partout où vous irez ; *quocumque ieris sequar te;* et Notre-Seigneur lui répond : Les oiseaux du ciel ont des nids, les renards des retraites, mais le Fils de l'Homme n'a pas une pierre où il puisse reposer sa tête.

Une ame aussi forte ne s'humilie que pour attirer

la grâce de connaître la volonté de Dieu, qui est dans l'obéissance à la voix de ses supérieurs; et quand elle en est assurée, son courage se relève et se met au niveau du ministère qui lui est confié; elle dit avec le Prophète: *Quoniam tu mecum es, non timebo mala;* si vous êtes avec moi, Seigneur, je ne craidrai aucune peine, aucun travail, puisque je vais travailler pour votre gloire, soigner et former les ames qui vous ont tant coûté de sueurs et de sang; la peine sera douce à mon cœur, et le travail léger à mon esprit. Si je réussis, à vous, mon Dieu, la gloire, puisque c'est de vous que vient la grâce; et si j'échoue, à moi la confusion que j'aurai méritée par mes péchés et ma bassesse. *Bonum est quia humiliasti me*, il est bon que vous m'ayez humiliée; et cependant avec cette confiance dans les grâces qui accompagnent l'obéissance, que de précautions pour en assurer le succès, que de prières, que de jeûnes, de macérations pour obtenir du Seigneur la bénédiction nécessaire à cette maison, et la voir refleurir comme aux anciens jours de sa plus grande prospérité. Quelle belle carrière s'ouvrait devant elle, et qu'il est vaste le champ des vertus qu'elle y a cultivées! que d'humilité, que de mortifications et d'humiliations elle sut pratiquer, et surtout cacher; mais toutes ces choses étaient nécessaires, tous ces sacrifices Dieu les commandait;

la sœur Augustine pouvait-elle en refuser, en dédaigner aucun? A ce prix Dieu avait attaché la restauration de cette maison de piété; et le souvenir de ces combats, de cette résistance au mal, de ce zèle pour le bien, restera à jamais gravé dans le cœur de ses sœurs de la maison de Limoges, pour les encourager à suivre un si beau modèle, et à persévérer dans les voies escarpées de la vertu; et les vieilles mères, en mourant, ont béni le jour où elle parut au milieu d'elles; *benedictus, benedictus qui venit in nomine Domini*. Comme le saint vieillard Siméon bénissait le jour qui amena le Sauveur des hommes et la lumière des nations dans le temple de Dieu, elles se sont endormies en paix, avec l'intime conviction qu'une telle œuvre commencée par cette digne servante de Marie, avait désormais un solide fondement; que Jésus, le Maître du Carmel, y serait servi, aimé et loué ainsi qu'il le mérite; que la Sainte Vierge s'y complairait, et que les jeunes vierges y accourraient pour lui offrir leur ame, leur corps et leur esprit. Sa sainte mort a mis le sceau à cette belle œuvre; car les ouvrages des saints sont inébranlables, et leurs benédictions s'étendent à jamais des ombres des sépulchres jusque sur la terre des vivans, *in terrâ viventium*. Elle resta deux ans Prieure, et y revint quelques années après pour y exercer la même fonction autres deux ans.

A son retour vers Montauban, le Seigneur ne pouvait-il pas lui dire, comme autrefois aux Apôtres : Quand je vous ai envoyée au milieu des hommes, vous a-t-il rien manqué ? Et la sœur Augustine eût dû répondre avec eux : Non, Seigneur ; et le divin Jésus eût aussi ajouté : Ne vous réjouissez pas tant des choses que vous avez faites pour ma gloire, mais plutôt de ce que votre nom est écrit dans le Livre de vie, et que je le porte dans mon cœur. Et vous concevez par le récit de ce qu'elle avait fait à Limoges, quelle joie son retour dans la maison de Montauban dût y occasionner : elle fut générale ; ses jeunes compagnes d'autrefois firent surtout éclater l'allégresse de leur cœur par la vivacité de leurs saintes caresses. Mais quand les premiers momens consacrés à la joie, et qu'aucun souvenir fâcheux ne troublait furent passés, on put alors apercevoir et reconnaître les progrès que cette jeune mère avait faits dans la vertu, et combien les grâces divines avaient fructifié au dedans et agi au dehors. C'était bien la même charité envers ses jeunes sœurs, la même déférence pour les mères ; mais il y avait encore plus de douceur, un plus grand recueillement ; on voyait percer un je ne sais quoi, répandu dans sa personne qui imprimait le respect et invitait au silence, parce que le Seigneur était là dans son saint Tabernacle, absorbant cette belle ame et ne la laissant vivre qu'avec son Dieu, son Dieu caché, *verè Deus absconditus;* elle semblait communiquer difficilement avec la terre, parce que sa conversation habituelle était avec le ciel, *nostra conversatio est in cœlis;* on ne la possédait plus comme autrefois : on la voyait, on l'entendait, mais on ne pénétrait plus dans son intérieur, *hortus meus conclusus.* C'était un jardin fermé, tout était pour l'époux, et l'épouse était à l'époux : *qui sponsus est, habet sponsam.* Ah ! elle lui appartenait de cœur, d'ame, de volonté et de désirs; et c'est pour cela qu'il avait sitôt mis fin à sa vie active et extérieure, voulant répondre au désir intime de son cœur, et qu'elle pût dire avec l'épouse du cantique : J'ai retrouvé mon époux, et je ne le laisserai point aller, *et non dimittam.* Que d'actes intérieurs de foi et d'amour se succédaient rapidement, et quelle aimable correspondance entre la grâce qui frappait à la porte du cœur, et l'empressement du cœur à lui ouvrir, *ecce sto et pulso ad ostium.* Ah ! mes Sœurs, il était bien loin le temps où la mère Augustine, présidant au monastère de Limoges, prosternée aux pieds des autels, les yeux fixés vers la croix, par la ferveur de ses désirs attirait la grâce tantôt sur toute la maison, tantôt sur une jeune sœur qui affligeait cette digne mère, ou qui éprouvait des peines intérieures que sa parole ne pouvait consoler. Maintenant elle appartient toute à Dieu, son corps seul paraît sur la terre, et le plus cher de ses désirs est celui d'une plus grande solitude. Vous servez, mes Sœurs, un Dieu jaloux : il vous prête au monde pour l'édifier ; et quand le travail est fait, ne vous plaignez pas s'il interrompt vos saintes opérations de charité pour en continuer une autre plus intérieur, qui déjà avait commencé, mais que le concours du commerce avec le monde empêchait d'arriver à sa perfection. Telle se trouva la mère Augustine dans la maison de Montauban, à son retour de Limoges ; elle y avait pris son essor, on jouissait de son avancement spirituel ; on l'aimait autant qu'on l'admirait, on la recherchait plus qu'elle ne voulait ; cela ne suffisait-il pas pour qu'elle implorât auprès de son Dieu un lieu où ses sens, entièrement dégagés, ne fussent remplis que de lui-même, sans pourtant penser à sortir de Montauban. Mais comme ce désir paraît être en quelque manière le dernier pour la mère Augustine, avant de nous rapprocher du théâtre si édifiant de ses douleurs et de sa mort, faisons une réflexion qui puisse nous éclairer sur l'utilité de ces sacrifices : c'est une préparation en quelque sorte nécessaire dans un sujet aussi mystérieux, qui ranimera votre attention et mes forces.

Si votre providence, ô mon Dieu, comme votre miséricorde, nous accompagne tous les jours de notre vie, il semble que dans les jours de l'enfance des saints, c'est-à-dire de tous les saints, vous ne montrez point aussi clairement toute la sollicitude que vous avez pour leur salut ; et vous permettrez que le monde en dispose presque à volonté, soit pour les écarter de votre voie, soit pour leur imposer des fardeaux qui ne sont pas aussi doux que le vôtre ; mais à mesure que s'approche le temps qui leur est donné pour atteindre à la perfection de leur ame, vous reprenez vos droits sur eux, et vous ne souffrez pas qu'ils soient distraits d'aucune autre pensée, et que le temps de leur vie se consume à un travail qui les détournerait de leur véritable fin ; soyez donc béni, ô mon divin Sauveur, de cette recherche que vous faites de notre ame pour lui donner le lustre que sans vous elle n'obtiendrait pas. Ainsi la mère Augustine fut à la fin de sa vie, lorsque les hommes lui assignaient une longue carrière à parcourir, l'objet des tendres sollicitudes de son divin époux ; il l'arracha pour ainsi dire à la tendresse de ses chères mères et de ses chères sœurs de Montauban, pour la placer dans une autre maison favorablement située pour la retraite, et ce qui était surtout bien plus important, dirigée par une mère qui, comme celles de Montauban, la chérissait et la respectait. Comment eût-elle pu vivre aussi retirée dans la maison quelle quittait, où plusieurs de ses sœurs la regardaient comme leur mère, et l'interrogeaient comme une maîtresse. Rien de semblable n'avait lieu à Lectoure; et l'amour de l'obéissance et des mortifications qui la tourmentait pouvait-il être mieux satisfait que par une Prieure qui, entrevoyant le désir secret de son cœur, accordait tout ce qui appaisait cette soif de la mortification, sans exposer son corps à une trop prompte destruction : c'était une sainte lutte entre ces deux personnes qui se chérissaient tendrement, mais qui se considéraient sur ce point dans leurs véritables rapports de mère et de fille, l'une demandant chaque jour de nouvelles grâces, et l'autre n'accordant que ce qui était prudent et sage, et par conséquent donnant souvent lieu à des actes d'obéissance et d'humilité. Quand la mère mettait tant de restrictions au désir de pénitence qui dévorait sa fille bien-aimée, que de prétextes pour demander et que de raisons pour refuser; et toutefois il ne fallait ni la décourager ni l'attrister, car ce désir venait de Dieu, à qui elle s'était offerte comme une victime pour l'expiation de ses péchés, et qui recevait ses sacrifices pour la satisfaction des péchés des autres hommes. Ce fut donc, mes Sœurs, un véritable trésor que Dieu vous envoya en sa personne, la dirigeant vers votre maison; vous en connûtes tout le prix, et surtout vous usâtes avec une rare discrétion de l'empire que Dieu vous avait donné sur elle. Si quelque fois, vous, ô sa digne mère, vous n'accordiez pas toujours à ses inventions fécondes de l'esprit de pénitence (en quoi vous étiez bien louable, puisqu'elle allait fort au-delà des règles de l'ordre, dont vous êtes la gardienne et la sage modératrice); il est un autre désir de son cœur que vous avez satisfait autant que la vie commune le permet : c'est celui de la vie isolée et cachée, *vita nostra abscondita est in Christo*, qui était si nécessaire à ses rapports intimes avec l'époux de son ame. Vous lui avez épargné toutes les fonctions qui lui eussent donné une relation avec l'extérieur de votre maison ; vous avez respecté son secret, protégé son asile, favorisé son silence; et par ces soins si délicats, continués jusqu'à sa mort, elle a pu juger que ses mères avaient été bien inspirées de choisir votre maison pour son dernier asile, et votre sage direction pour lui faire faire le sacrifice de sa volonté. Aussi que de biens n'avez-vous point recueillis de sa présence, et que de bénédictions ne vous a-t-elle pas léguées à son lit de mort. Vous avez admiré sa charité à l'égard du prochain, permettez que je loue la vôtre en ce qui la concerne : si elle a été si réservée de son vivant, il vous est libre de publier ses louanges après sa mort, quoique nous puissions penser que des vertus si vivement senties sont au moins partagées si, elles ne sont pas égales.

De l'ardent amour de Jésus-Christ qui produisait cette charité si parfaite envers le prochain, et de cette solitude profonde où elle vivait au milieu des sœurs, devait résulter une anxiété également grande pour la pureté de sa conscience; et l'on peut dire avec raison que dans les dernières années de sa vie, c'était la principale, l'unique affaire qui tourmentait cette belle ame; jamais elle ne se croyait assez pure, et plus elle apercevait en elle des taches qui lui semblaient bien noires, plus elle en prenait occasion de s'humilier, et plus s'allumait aussi dans le fond de son cœur l'ardent désir de faire pénitence, de se mortifier, de punir, de châtier son corps, d'attrister son ame et de priver ses sens des moindres satisfactions, que d'autres leur procurent sans la moindre syndérèse. Cette anxiété produisit de longs écrits où elle retraçait dans le plus grand détail les moindres circonstances de ses péchés et de sa vie pécheresse, quoiqu'elle eût vécu toujours dans l'innocence, et occupée du service de Dieu; heureusement que ses Directeurs, qui furent jusqu'à sa mort des hommes d'un sens droit et peu accoutumés à favoriser les scrupules mal fondés, firent peu d'attention à ces sortes d'écrits, et la jugeant plutôt par ses actions que par ses paroles, firent agir sur elle, pour rétablir la paix intérieure quand elle était troublée, le principe de l'obéissance, devant lequel tous ces fantômes s'évanouissaient, et laissaient ensuite à la grâce son libre cours. Nous devons sans doute admirer cette conduite sage des hommes de Dieu chargés du soin de son ame, la seule qui fut convenable; mais cette délicatesse de la mère Augustine ne doit-elle pas nous porter à de bien tristes réflexions sur nous-mêmes, qui vivons au milieu du monde, quoique au service de Dieu? pourquoi sommes-nous si peu attentifs aux blessures de notre ame? pourquoi négligeons-nous tant de défauts que nous croyons véniels, et qui eussent paru à cette ame si pure de grands péchés mortels? est-ce la lumière de Dieu qui lui manquait? nous ne saurions le penser sans témérité; là où l'on voit briller de grandes vertus, il faut nécessairement admettre une vive lumière, qui éclaire, et une force de vie qui les produit et les gouverne. Ah! cela vient sans doute de ce que nous ne sommes pas aussi pénétrés que cette sœur de la grandeur de Dieu, et que nous n'avons point pour la pureté de notre ame le même zèle qui l'animait, et que nous nous contentons d'une justice intérieure qu'elle eût cru insuffisante pour elle comme pour nous. Ceci donc nous confirme dans cette parole de l'Ecriture, *et ipsi judices vestri erunt* (Matth. XII), que les Saints seront un jour nos juges; car ils auront assez de lumière pour distinguer les fautes les plus cachées, et l'autorité de leur vie leur donne d'avance le droit de les condamner. Faisons-y attention, mes Sœurs; de tels exemples sont donnés au monde chrétien, pour les porter à un vif désir, soigneusement entretenu par la méditation sur notre intérieur, de purifier notre cœur, qui est suivant l'expression figurée mais vraie d'un auteur chrétien, la *sentine* de notre vaisseau; et comme tous les jours dans les bâtimens en mer on a soin de purifier cette sentine qui pourrait communiquer l'infection à tout l'équipage, de même aussi nous devons chaque jour purifier notre cœur, qui reçoit tant de fâcheuses impressions du commerce des créatures, de l'égarement des sens et de ses propres mouvemens. Malgré cette grande sollicitude sur son intérieur, la mère Augustine, jusque dans sa dernière maladie, ne fut point exempte des tentations contre la foi qui avaient affligé son enfance. Sur quoi le démon eût-il pu la tenter? n'avait-elle pas un si grand amour de la pauvreté, que sous ce rapport elle s'approchait de saint Jean-de-la-Croix, voulant coucher sous un escalier (et souvent elle s'y retirait pour méditer), parce qu'elle trouvait sa cellule trop commode. Sa pureté était angélique et son obéissance aussi aveugle, aussi parfaite, aussi humble que si elle eût été la dernière des sœurs converses. Mais Dieu qui voulait faire parvenir cette ame à un très-haut degré de perfection, la fit passer aussi par cette voie obscure dont parle votre bon père saint Jean-de-la-Croix : alors des nuages se répandent dans l'intelligence, et il semble que cette ame est toute matérielle, toute grossière comme une terre sans eau, *sicut terra sine aqua........;* elle est privée momentanément des vives lumières qui l'éclairent, des grâces qui la nourrissent, et elle se voit elle-même avec horreur, parce qu'elle ne voit que ses péchés. Que faire dans cet état bien pénible qui peut se prolonger selon le dessein de Dieu ? Ne point raisonner, mais s'humilier profondément en faisant des actes de foi ; ne point se juger soi-même, mais en laisser le soin au Directeur de notre ame ; et malgré toutes les apparences de notre misère, produire des actes de charité en glorifiant les trois Personnes divines.

Dieu pourtant n'abandonna jamais sa fidèle servante, et pour la consoler après de si rudes épreuves et la prémunir contre les tentations futures des derniers momens, il chargea sa sainte Mère de la visiter. On a peu de détails sur cette grâce singulière, bien précieuse, et que la modestie de cette mère lui fit tenir long-temps cachée ; elle en conserva pourtant le souvenir par écrit, afin sans doute de s'encourager elle-même dans la voie douloureuse où Jésus-Christ voulait qu'elle marchât pour l'avantage de son

Eglise et la gloire de votre saint Ordre : heureuse visite qui guérit les plaies de son cœur, de son ame, et réjouit son cœur attristé des maux de l'Eglise et oppressé par la pensée de ses propres infirmités ; l'amour en était la cause, et le désir de plaire à son divin Epoux, et la crainte de ne pas être assez pure à ses yeux, l'entretenait. N'était-il pas conforme à la bonté de Dieu qui voyait les tourmens de cette belle ame, que la Mère du bel amour, *Mater pulchræ dilectionis*, vint la consoler par sa présence et accroître au fond de son cœur la sainte espérance?

Quand la Sainte Vierge parut, la pauvre sœur Augustine se sentit saisie d'un frémissement si fort, qu'elle crut mourir, ne sachant que penser d'une visite dont elle se regardait indigne ; mais cette sainte Mère l'embrassa, et lui dit, comme autrefois Jésus-Christ aux Apôtres : Ayez confiance, ma fille, *confide, filia ;* je ne vous laisserai point orpheline, *non relinquam vos orphanos ;* mais je serai avec vous, et je vous secourrai dans vos peines, au milieu du monde, *in mundo pressuram habebitis*. Que votre cœur ne se trouble point, et ne soit pas dans la crainte : mon Fils a vaincu le prince du monde, et vous le vaincrez aussi, *ego vici mundum*.

Après de telles marques de la bonté de Dieu, et de tels témoignages d'une vertu si forte et d'un amour aussi intime, que pourrions-nous craindre sur la fin de cette grande ame? la fin déparera-t-elle le commencement, et le démon qui a été si souvent vaincu, sera-t-il triomphant? Non, mes Sœurs; mais le combat se poursuivra d'une autre manière. Ce ne sera pas contre le démon, mais contre Dieu lui-même qu'il faudra combattre; et c'est avec la force de Dieu que l'ame combattra contre Dieu, pour le glorifier dans le dernier sacrifice qu'il exige d'elle, ainsi qu'il fut dit à Jacob luttant avec l'ange: Parce que vous avez été fort contre Dieu, vous ne vous appellerez plus Jacob, mais Israël (Gen. LXXII); car c'est Dieu qui va permettre qu'elle soit assaillie d'un torrent de maux qui vont travailler si activement à la destruction de son corps.

Ma tâche serait donc finie, et la vôtre commencerait, puisque vous avez été témoins de cette douloureuse maladie, qui vous a tant édifiées, et dont nous ne pouvons juger que sur votre récit. Ce n'est donc pas pour vous, mes Sœurs, que nous ajoutons ce qui va finir ce discours, mais pour celles de vos Sœurs qui, ayant connu ses premiers progrès dans la vertu, voudraient connaître à quel haut degré de fermeté elle est parvenue à son lit de mort, et comment a été tranché le fil d'une si belle vie.

La mort ne vient pas toujours comme un voleur, *sicut fur*, qui enlève l'ame frappée d'un coup imprévu dans sa terrestre demeure : quelquefois elle s'avance avec une sorte de sagesse, qui avertit l'ame, appelée au jugement de Dieu, que sa fin est proche; et elle prévient celles qui sont autour d'être attentives à ce grand spectacle, parce qu'il sera une belle instruction pour elle, *spectaculum, etc.* (I. Cor. IV).

Une belle tige qui croissait sur le sommet verdoyant du Carmel, va être coupée par la faux du divin Moissonneur; mais la plaie ne sera point horrible, et la chute sera noble; cette mort sera douloureuse, c'est la condition de l'homme depuis le péché; elle sera même pénible ou amère au dedans, pour être conforme à la mort de Jésus, notre divin modèle, qui doit se réproduire dans ses plus dignes enfans; et il y aura une lutte entre la douleur d'une nature blessée au temps de sa force, et entre la constance de l'ame à la supporter, et sa générosité à l'offrir à celui même qui est l'auteur de sa souffrance: voilà ce que vous avez vu, mes Sœurs, dans la longue maladie de la mère Augustine, et ce que vous avez entendu n'est pas moins digne de notre admiration. Sur son lit de douleur, se croyant seule, elle disait à son Epoux: Contentez-vous, mon Dieu, achevez votre œuvre; et elle s'offrait comme une tendre victime obéissante, *quasi agnus coram tondente se*, pour le bien de l'église et de la religion. La générosité était un des caractères de ce pieux sacrifice; et cette ame qui animait un corps sain, ne témoignait aucune crainte d'en sortir avant le temps, ni aucun désir de partir plutôt, pour abréger le terme de ses souffrances, qui fut de trois mois. Cependant le mal, une phthisie de poitrine qui causait une grande irritation au poumon, faisait des progrès, lui occasionnait surtout de vives douleurs, et oppressait sa poitrine, arrêtait sa parole, et sa vertu intérieure croissait en proportion. Ne me parlez plus, disait-elle, des souffrances, cela les affaiblit; ne parlons plus que du ciel. Qu'il me tarde, disait-elle en mettant la main sur sa poitrine, que ce soit plein; priez Dieu que je ne le désire pas trop, et qu'il éloigne de moi toute pensée de guérison, parce que la nature le voudrait. Et ces autres paroles adressées à son supérieur, ce qui indique une plus grande perfection dans une ame qui jusqu'alors avait fait son étude des souffrances: Quand vous vous rappellerez de moi devant Dieu, demandez seulement au bon Dieu qu'il détruise tout désir en moi, tout désir, même de souffrir. Voilà, mes Sœurs, la plus sûre marque d'un esprit mortifié dans sa volonté, et qui habitait un corps depuis long-temps voué à la mortification, et façonné à la douleur, *virum dolorum et scientem infirmitatem* (Jérémie, LIII); et plus le mal faisait des progrès, plus aussi augmentait l'oppression, de telle sorte qu'à grand'peine pouvait-elle respirer;

et toutefois jusqu'à la fin elle conserva son esprit libre, son ame sereine et pleine de cette confiance en son divin Epoux, qui l'accompagna au terme de ses douleurs et au commencement de sa gloire. Une agonie de cinq heures termina, avec le sacrifice du matin, *sacrificium matutinum*, une si belle vie, qui mériterait de faire couler nos larmes, si la beauté n'en faisait un sujet d'envie pour chacun de nous.

Je tairai les transports et les mouvemens de piété qui attirèrent à son cercueil, dans votre église, le peuple des champs, instruit à-la-fois de sa belle vie et de sa sainte mort, et les chœurs des vierges de la ville, jalouses de baiser sa robe, de contempler ses traits et d'honorer son trépas. La mort avait perdu pour elle ses sombres voiles et son lugubre appareil; les anges de Dieu volaient de tous côtés, agitant leurs ailes splendides sur la contrée, pour annoncer combien cette mort était agréable au Seigneur; ils leur disaient qu'il fallait se réjouir et changer les pleurs de la mort contre les douces larmes d'un saint mariage, parce que dans le royaume d'en haut on allait célébrer les noces de la vierge de la terre avec l'Epoux immortel du ciel.

Le crêpe funèbre avait disparu; la couronne de roses blanches brillait sur sa tête; il ne manquait à sa main timide que le sceptre d'or qui lui était destiné dans l'empire acquis à sa vertu. Mais la croix du Seigneur, qui fit sa force aux longs jours de sa douleur, était plus précieuse à son cœur que les marques d'une royauté dont elle se croyait indigne. Je suis, eût-elle dit, la servante du Seigneur, *ecce ancilla Domini*, et une pauvre Carmélite; placez sur ma tête une couronne de myrrhe; car je vais au mont de la myrrhe et à la colline de l'encens, *vadam ad montem myrrhæ et ad collem thuris* (Cant. xv); et posez sur mon cœur ce bois précieux, *lignum per quod fit justitia* (Sup. xiv), qui me soutient dans le combat de la vie; et que vos prières me suivent au tribunal de mon juge, afin que je trouve grâce à ses yeux pour les fautes de mon pélérinage, *delicta juventutis meæ ne memineris* (Ps. xxv); et si vous vous rappelez de ma tendresse pour les morts, montrez-moi la vôtre, mes chères sœurs, en implorant les suffrages de cet ordre dont je porte l'habit, quoique indigne; et prenez pitié de ma pauvre ame, qui va rendre compte des jours qu'elle a vus s'écouler, des grâces qu'elle a perdues, et du bien qu'elle n'a pas fait, *saltem vos amici miserere meî, quia manus Domini tetigit me.*

Quelle grande carrière nous avons parcourue, mes Sœurs, j'en suis moi-même effrayé; et si je la retrace en peu de mots, c'est pour m'édifier avec vous, et admirer les bontés du Seigneur et les merveilles de sa grâce dans un sujet si noble et une ame si belle. Vous avez vu une jeune fille s'élever par degrés et rapidement dans les voies difficiles du Carmel ; avant 24 ans, elle rétablit la règle dans une ancienne maison, ce qui est presque autant que la fonder de nouveau ; à peine cette belle œuvre est complète, que Dieu l'appelle dans votre monastère pour achever l'ornement intérieur de ce palais où il régnait déjà. Peu d'années suffisent pour terminer un ouvrage, qui, en d'autres ames, exige de plus longues époques, et n'arrive pas à sa perfection ; et bientôt le palais extérieur est détruit et changé contre la souveraine demeure du ciel ; la terre des morts contre la terre des vivans ; et la patrie succède à l'exil, la royauté à l'esclavage. Ah ! qu'il soit à jamais béni ce Dieu si grand et si bon, qui en peu de temps fait de si grandes choses pour une seule ame ! Qu'il me soit aussi permis de vous manifester mes regrets, non de ce que mes yeux n'ont point vu son visage céleste et contemplé ses yeux pleins d'un chaste amour, mais de ce que tant de pensées, tant de nobles sentimens sont ensevelis dans le silence de la tombe ; les faits seuls parlent hautement ; et les mouvemens du cœur, et d'un tel cœur, et ses amoureuses plaintes à son époux au milieu des orages du combat de la vie, et ses cantiques de grâces après la victoire, nous sont à jamais cachés ; et pour les connaître, il faut les étudier en d'autres natures moins parfaites, si l'on n'a pas eu le bonheur de les éprouver en soi-même, et de bénir le Dieu des victoires du secours favorable qu'il nous a accordé dans le temps critique; ce secours nous le demanderons par l'intercession du grand Prophète Elie, protecteur de sa chère fille dont nous avons tracé les vertus, admiré les œuvres, et envié la couronne qu'elle a su si bien mériter, laissant son nom avec gloire à la postérité, sa vie en héritage précieux aux sœurs du Carmel, et sa riche bénédiction dans cette maison de Dieu. Quelle leçon! quel encouragement à vivre de la vie des saints, puisque une si jeune vierge, en peu d'années, a ravi le ciel par sa vertu, par son amour. Espérons aussi que, plus tard, les grâces que Dieu accordera par son intervention porteront l'Eglise à joindre son nom heureux au livre d'or des saintes vierges du Carmel; et alors ce que j'ai dit de ses vertus paraîtra bien au-dessous de son mérite et de la vérité. Je le désire autant que sa protection près du Roi des rois et de sa Sainte Mère, notre puissante Dame et ma bien-aimée Patrone. *Amen.*

Terminé à la tournelle de Sainte-Thérèse, le 30 août 1836, jour de Sainte Rose de *Lima.*

TABLE.

ABRÉGÉ DE LA VIE DE LA MÈRE MARIE-AUGUSTINE DE SAINT-ÉLIE.

DISCOURS SUR SA MORT.

FIN DE LA TABLE.

www.ingramcontent.com/pod-product-compliance
Ingram Content Group UK Ltd.
Pitfield, Milton Keynes, MK11 3LW, UK
UKHW012217240726
13966UKWH00003B/814